U0829767

辩证思维下的县域经济发展策略与实践

王朝辉　著

天津大学出版社
TIANJIN UNIVERSITY PRESS

图书在版编目（CIP）数据

辩证思维下的县域经济发展策略与实践 / 王朝辉著. 天津 : 天津大学出版社, 2025. 5. -- ISBN 978-7-5618-7979-5

Ⅰ. F127.524

中国国家版本馆CIP数据核字第2025PW9568号

出版发行 天津大学出版社
地　　址 天津市卫津路92号天津大学内（邮编：300072）
电　　话 发行部：022-27403647
网　　址 www.tjupress.com.cn
印　　刷 北京虎彩文化传播有限公司
经　　销 全国各地新华书店
开　　本 787mm×1092mm　1/16
印　　张 8
字　　数 161千
版　　次 2025年5月第1版
印　　次 2025年5月第1次
定　　价 37.00元

凡购本书，如有缺页、倒页、脱页等质量问题，烦请与我社发行部门联系调换

版权所有　　侵权必究

序

县域经济发展的逻辑思维并非形而上学式的一成不变，而是随着客观条件的变化，由内因和外因共同作用的结果。积极发展县域基层经济的动力，不仅源于对未来美好前景的向往，也不仅仅是对国家经济发展战略方针政策的响应，更重要的是基于对本土自然环境和客观条件的统筹分析，以及对经济发展潜力点的深入发掘和规划。正如哲学中所强调的，内因是事物变化发展的根本原因，外因通过内因起作用。对于县域经济的发展而言，首先需要立足自身的客观实际条件，积极分析和探索本地经济发展的基础与优势，并以此为依据确定当前的实际需求，同时勾勒出未来的发展规划。在贯彻落实国家及上级政府的方针政策时，应结合本地实际，取长补短、开拓创新，谋求县域经济的可持续发展。同时，县域经济发展的成效，既不仅仅取决于国家和省地级政府的方针政策是否落实到位，也不仅仅取决于自身改革是否突出或经济发展规律是否得到正确遵循，而是由发展实践中的动态创新能力决定的。因为客观存在决定主观意识，这就要求县域经济发展必须立足于实际，使主观思想既符合客观实际，又能有效指导实践。此外，作为实践主体的人，同时也是认识的主体，在县域经济发展中并非处于被动地位，而是处于主动地位。通过充分发挥主观能动性，才能实现县域经济的高效发展。

在全面脱贫目标实现的基础上，乡村振兴战略的深入推进为县域经济发展提供了广阔的空间，而发展新质生产力则为县域经济的高质量发展发掘了诸多着力点。县域经济的发展必须立足客观条件，从实际出发，创造条件以满足现实需求。然而，现实需求的多元化和复杂性要求通过具体的实践来引导社会关系的调整。在县域经济发展中，基层的客观环境和物质条件决定了必须充分发挥主体性优势，梳理自身存在的主客观条件及其之间的显性或隐性联系。这些联系往往表现为多维度的、不断变化的矛盾统一体，其动态的曲折运动过程正是推动社会经济发展的内在动力。在县域经济发展中，资本作为经济规律中最基本的因素，需要被积极引导以助力发展。具体而言，可以从以下八个方面着手：立足本地特色，发掘、巩固和提升具有竞争力的优势项目，拓展发展空间，形成差异化竞争优势；充分利用国家和地方的政策支持，发展符合自身条件的特色经济，推动县域经济转型升级；在厘清客观条件的基础上，进行整体性的系统性调整，优先发展必要性项目，确保资源配置的合理性和高效性；在发展的关键环节做好统筹协调，实现各发展要素之间的有效结合，形成协同效应；打造经济品牌，根据县域优势资源，重点发展具有市场竞争力的经济品牌，实现提质增效，提升县域经济的整体竞争力；积极拓展和延伸产业链，谋求更大的经济效益，同时扩大市场的辐射范围；抓住改革机遇，破除旧有的发展模式，建立新的经济结构，实现县域经济的转型升级；加强社会保障体系建设，为经济发展提供坚实的支撑和保障。在县域经济发展实践中，应充分运用唯物主义辩证法的思维方法，提高经济发展的指导思想水平和路径选择质效，使县域经济在社会经济发展的大融合中快速从疫情的冲击中恢复，实现经济效益的持续提升和可持续发展。

目　录

第一章　固本发展篇：在固有条件基础上辩证谋划县域经济发展

在 2024 年 3 月召开的第十四届全国人大二次会议上，国务院的《政府工作报告》特别强调要“培育发展县域经济，补齐基础设施和公共服务短板，使县域成为新型城镇化的重要载体”。与以往常用的“壮大发展县域经济”相比，“培育发展县域经济”这一表述表明，县域经济发展需要挖掘新增长点、培育新动能、发展新质生产力。当前，县域经济发展仍面临许多新课题，但其潜力和空间可期。国务院《政府工作报告》在关注“县域经济”发展的同时，也聚焦“县域”发展，特别是县域的基础设施、公共服务和城镇化建设。这体现了新时期“县域经济”与“县域”的紧密关联性，突出了县域整体性、系统性和全面性发展与县域经济发展的不可分割性。在中国的行政区划体系中，县一级属于第三级行政区划，介于省级、地级与乡村基层之间。如果将省一级比作国家的人体骨架，那么县一级则是遍布其中的神经节点，起着承上启下的作用。它既承担着贯彻落实国家政策的任务，又将基层的基本信息及时反馈到上级。联系的观点是唯物主义辩证法的基础，国家经济发展是一个有机整体，其中各个层级、各个环节都处于相互影响、相互作用和相互制约的关系中。县域经济作为国民经济发展的基本单元，不能以孤立或片面的观点看待其发展。

县域经济是一种以县城为核心、以乡镇为桥梁、覆盖广大农村的行政区划型经济。在当代中国国民经济进入乡村振兴新阶段的背景下，县域经济占据着极为重要的发展地位，承担着具体工作上传下达的职能。然而，必须明确的是，县域经济发展并不等同于乡村发展。县域所涵盖的内容更加广泛，不仅包括经济，还涉及社会、文化、政治、生态等多个领域。县域发展包括提升群众生活水平、完善社会公共服务、健全综合治理体系、优化资源环境建设等，是一个整体系统化的提升过程。

县域经济的发展并不仅仅依赖于县域内有多少大企业或纳税大户，而是在于在县域整体系统中，既要做大做强既有的经济节点，又要探寻和开发潜在的发展节点。这体现了县域发展追求群体共同进步与县域经济发展追求竞争性非均衡提升之间的区别，同时也凸显了县域发展的普遍性与县域经济发展的特殊性。

县域经济的发展水平直接反映了基层经济基础是否牢固。它不仅向下直接关系到基层经济的发展方向和县域广大群众的生活质量，还向上影响着具体经济发展方略的规划和社会整体性发展政策的制定。

经过对 2024 年全国 31 个省、市、自治区的《政府工作报告》进行深入分析和统计，专项提及“县域经济”的频次高达 39 次，省均 1.26 次。这一数据清晰地表明，县域经济在全国范围内受到了前所未有的高度重视。根据全国县域经济专业研究机构——中郡研究所于 2024 年 12 月发布的《第二十四届县域经济与县域发展监测评价报告》，全国县域经济百强县的地区分布呈现出显著的不均衡性。其中，东部地区占据 71 席，东北地区仅有 2 席，中部地区和西部地区分别有 18 个和 10 个上榜。进一步分析发现，在全国 31 个省、市、自治区中，仅 18 个省区有县入围百强，且分布极不均衡。江苏省以 24 个县独占鳌头，浙江省和山东省分别以 22 个和 16 个位居第二、第三，三者在数量上遥遥领先。紧随其后的是福建省，有 6 个县上榜；安徽省、湖北省、湖南省、内蒙古自治区各有 4 个；河南省有 3 个；贵州省、河北省、江西省、陕西省、辽宁省各有 2 个；宁夏回族自治区、山西省、四川省和广东省则各有 1 个县上榜。值得注意的是，多达 13 个省市区无一县入围百强。

对于这一分布格局，数量领先的江苏、浙江、山东三省的表现并不令人意外，而西部偏远地区和资源匮乏省份的上榜难度也易于理解。然而，像四川这样幅员辽阔的省份和广东这样发展条件得天独厚的经济强省，却分别仅有 1 个县上榜，这一结果无疑令人倍感意外。值得注意的是，一个县如何实现经济实力的提升，固然需要抓住各类发展机遇，但更为关键的是深入分析自身的资源禀赋和优势条件，理顺当前与未来的经济发展脉络。在此基础上，通过稳步积累量变，适时推动质变，方能实现县域经济的可持续发展。

县域经济从字面上看，通常被通俗而直观地定义为以县级行政区划为发展单元的经济体。这种表述本身并无原则性错误，但从更深层次理解，县域经济的内涵却有着更为丰富的解读。从大众化视角来看，县域经济更侧重于其群众性，即强调以人为本的原则。毕竟，人民群众是历史的创造者，在推动历史进步中发挥着决定性作用。县域经济的健康发展直接关系到基层民众的福祉，因此必须将满足人民群众的需求作为核心导向。从学术研究角度来看，县域经济更注重其理论性，包括对县域经济的具体概念、特征的深入分析，以及对其发展演变规律的探讨。学者们通过构建理论框架，揭示县域经济的内在逻辑和发展路径，为实践提供理论基础。从实践角度来看，县域经济的研究更侧重于对现实发展状况的剖析，以及对发展方式方法的辩证性分析。这包括对县域经济实际问题的诊断、发展模式的优化以及政策建议的提出。实践研究的意义在于，它不仅为县域经济自身的发展提供指导，更对国民经济整体发展和乡村振兴战略的落地具有重要的现实参考价值。

一、对以人为本发展县域经济的解读

党的第十九届五中全会明确提出，在全面建成小康社会、实现第一个百年奋斗目标的基础上，我们要乘势而上，开启全面建设社会主义现代化国家新征程，向第二个百年奋斗目标迈进。这标志着我国进入了一个全新的历史发展阶段。这一阶段不仅是我国社会主义建设和发展进程中的重要节点，更是县域经济实现高质量发展的关键时期。在新发展阶段，社会主要矛盾发生了深刻变化。人民群众对美好生活的需求日益多样化、个性化、特色化，且在公平、正义、民主、环保等方面的诉求更加多元和迫切。这些变化对县域经济的发展提出了新的更高要求。因此，县域经济在迈入新发展阶段后，必须更加注重这些新变化和新诉求，将“以人为本”作为核心发展理念，切实满足人民群众对美好生活的向往。

首先，立足以人为本发展县域经济，必须充分夯实现有各大产业的基础性地位，尤其是第一产业。俗话说“民以食为天”，在县域经济中，不管第一产业所占发展比重如何，但第一产业的基础性地位无可动摇。正如基本农田不可侵犯一样，满足广大群众日常生活需求的粮食生产是在任何情况下都不能松懈的，各类农业必需品是不可或缺的，尽管不同地区在第一产业的产品优势上各有不同，但农业的产业基础和相关的产业链是必须严格确立的。基本农田本质上是我国立足社会人口数量按照社会经济发展对农产品所能产生的需求而规划确定的不得占用的耕地，这是国民生存发展最基础的保障。在 2008 年召开的中共十七届三中全会上提出了“永久基本农田”的概念，永久基本农田并不是说在以往基本农田中再精选出一批农田，也不是说调整了基本农田的位置。永久基本农田其实还是我们日常所说的基本农田。只是“永久”这两个字的增加更体现了党中央和国家对保护基本农田的重视程度。永久基本农田也即对基本农田实行永久性保护，无论在什么情况下都不能改变其用途，无论什么人都不可以随便调整或者挪用位置等。根据自然资源部发布的《2023 年中国自然资源公报》显示，截止 2023 年底，我国的永久基本农田面积保持在 15.46 亿亩以上。对于划定好的永久基本农田不但不能逾越红线，而且人人都应该自觉、主动地加以保护和管理，以保障永久基本农田无论在质量上和数量上，还是在生态稳定和科学繁育上都能保证可持续性增长。而对于经济作物的种植，坚持因地制宜的原则，在充分发挥区域高产高效作物优势的同时，积极发挥基层党组织的引领作用，带动广大群众优化产业结构，协调资源有效利用率以共创佳绩，提高群众普遍性的收入和地区财政收入。

其次，以人为本强调个人素质的不断提升，这是第二产业发展中的核心节点之一。

第二产业与第一产业相比有着巨大的差异就是流动性很强，除了资源依赖性较强的企业外，一些制造业很容易因为各类社会成本特别是人力资源成本的增加和各种生态环境因素、地理区位条件等的制约影响出现迁移搬离或者转股撤资现象而造成当地群众的失业和收入的减少。此外，对于第二产业的发展，随着科技的进步更加注重高学历、高技术人才的引进，特别是在强调发展新质生产力的今天，科技含量提升这往往会对本地群众就业造成一定的冲击，有的企业干脆通过最原始的方式以裁减员工数量来维持经济效益，这使得当地群众会出现明显的失业潮。但这里面有一点经常会被人为忽视，就是县域内既有的大企业的升级改造和新时代创建的前沿性高科技企业的发展同样需要人才支撑，正所谓“人往高处走，水往低处流”，毕竟回乡就业的高才生数量有限，但这完全可以通过对现有员工进行遴选而后加以相应的科学技术培训来提升业务素质满足企业发展需求，促进企业的提质增效，毕竟在生产力三要素当中作为劳动者的人起着决定性作用，劳动者在生产力的诸要素当中是最基础、最活跃、最敏感的因素，人们的体力和技能是创造现实价值的基础，而生产质效的提升也是人们通过对知识的学习、积累和技术开发得以变现的。而且对既有员工的培训还可以加强巩固当地群众干事务业的事业心，这就同时满足了企业所需和群众所愿，融合成为一体化，实现可持续性发展。

最后，坚持利为民所谋，充分发挥第三产业的优势广泛吸纳社会劳动力。第三产业与第一、第二产业相比，更加凸显出大众化的特征，因为第三产业覆盖面广泛而又对劳动者素质有着不同的要求。第三产业涉及各类具体行业的方方面面，尤其具有强大的扩张性和渗透性，处处充满着人民群众忙碌的身影。从占主体地位的人们日常生活中的各类传统服务业，到第三产业面对一、二产业生产力发展的专业性服务业，服务业从低端到高端的细枝节点上都有着无限的发掘空间，无论是拥有专业技术能力的群众还是自身文化知识水平较低的群众都可以在这一平台上找到适合自己的发展方向。从各行企业到微小个体，都渗透着第三产业的分支，拥有无比广阔的发展空间，充满各类劳动者的身影。无论是企业内合同齐全的正式工和满足一时需求的临时工，还是传统服务业的专业户，只要你想做，都能找到工作。正如马克思主义群众史观所指出的，人民群众是历史的创造者，在历史进步中起决定作用。但必须强调指出的是，县域经济的发展既离不开县域人民群众的共同努力，也离不开党组织的统筹引导。

在县域经济的发展中，党组织的领导作用是不可缺失的，且应随时代发展持续调整与加强。毕竟在贯彻落实国家经济发展规划时离不开基层党组织的谋划和引领。谋划与规划虽仅有一字之差，但却深刻诠释了基层党组织细致的工作思路和具体方法，带动广大群众实现经济发展目标的最大化。

二、立足县域经济现有条件，发展新质生产力促进高质量发展

生产力发展水平决定生产关系，经济基础决定上层建筑。生产力与生产关系两者之间是辩证统一的，生产力决定生产关系，在两者动态的矛盾运动过程中，生产力居支配地位，起决定性的作用。生产力状况是生产关系形成的客观前提和物质基础，直接决定生产关系的性质。生产力的发展决定生产关系的变革，生产关系是生产力发展需要的产物，只有当它为生产力提供足够的发展空间时才能够保持存在。当生产关系不能适应生产力的发展要求时，人们就要变革旧的生产关系，建立新的生产关系，以适应生产力的发展。生产关系对生产力也有反作用，也即当生产关系适合生产力发展的客观要求时，它对生产力的发展起推动作用；当生产关系不适合生产力发展的客观要求时，它就会阻碍生产力的发展。新质生产力这一新词汇的提出源于2023年9月习近平总书记在黑龙江考察调研期间的发言，而2024年1月31日在党中央政治局的第十一次集体学习时，习近平总书记又再次强调指出要加快发展新质生产力，扎实推进高质量发展。2024年李强总理在3月5日作政府工作报告时也明确强调要大力推进现代化产业体系建设，加快发展新质生产力。此外，在2024年7月党的第二十届三中全会通过的《中国共产党第二十届中央委员会第三次全体会议公报》中，又再次明确提出要健全因地制宜发展新质生产力体制机制，健全促进实体经济和数字经济深度融合制度，完善发展服务业体制机制，健全现代化基础设施建设体制机制，健全提升产业链供应链韧性和安全水平制度。在当前我国经济已由高速增长阶段转向高质量发展阶段，高质量发展是能够很好满足人民日益增长的美好生活需要的发展，是体现新发展理念的发展，要求经济增长具有可持续性、协调性及包容性，这就需要新质生产力为其提供坚实的支撑。尤其是在当前乡村振兴的大背景下，随着一些大中城市中的高新技术企业向郊区和基层转移，以县域为核心的广大基层获得了难得的机遇，把握好这一机遇，积极发展新质生产力可以大步迈入经济转型发展的快车道，从而实现基层的高质量发展。

新质生产力是指具有创新性、优质性和先进性的生产力，它强调通过科技创新和产业创新来提升生产效率和生产质量，是新时代推动经济高质量发展的重要支点。新质生产力的内涵主要包括六个方面：第一，新质生产力是在技术层面上实现革命性的突破而催生的由量变到质变的结果。第二，新质生产力的生产要素实现了创新性的配置，也即在生产力三要素中，从劳动者、生产资料和劳动对象都实现了全新的优化组合。第三，新质生产力的产业深度实现了新的转型升级，也即在产业发展的动态过程中实现了跨越式的可持续性发展，这不仅仅意味着在传统产业改造提升的基础上战略性新兴产业得到了巩固，而且产业未来的发展方向也得到了提前的布局。第四，新质生产力对劳

动者的素质有了新的更高要求，也即需要打造能够创造新质生产力的战略性人才和应用型人才。第五，新质生产力对劳动资料的配置提出了更高的要求，也即需要更高科技含量的劳动资料，这些新型生产工具能够极大地提高生产效率和降低生产成本。第六，新质生产力对劳动对象提出了新要求，主要是需要更广泛和多样化的劳动对象，以便能够拓展生产的新边界和创造新的生产空间。

当前新质生产力的时代特征主要表现在六个方面：第一是创新性。新质生产力的基础就是源自对以往生产力的系统性创新。这不仅包括技术层面的创新，而且包括管理层面的创新以及发展模式的创新等多元化、多维度、多深度、多广度的立体化创新，而且涵盖了客观与主观两个方面，有物质条件的基础前提与主观思维的推理分析。第二是质优性。新质生产力注重产品质量和服务的优化，追求高质量的发展。这在现实中的体现就是发展新质生产力是一个全方位的动态过程，不仅要求三大产业的生产力分别实现不间断的可持续性发展，而且要求三大产业间的相互关系日趋密切，为促进生产力的整体发展不断实现配置的可持续性的优化。第三是先进性。新质生产力代表先进的生产力及其现实的发展水平。这里的理解要避免片面化，主要从两方面加以领会，一方面是就生产力本身而言，这里要求的是创新性的生产力，而并不是传统的生产力；另一方面就发展水平而言，这里强调的发展水平不断提高在现实中的客观体现，而并非停留在理论研讨空间和纸面上。新质生产力的先进性说明其作为领头羊是不断推动经济社会整体性发展进步的关键性力量。第四是融合性。新质生产力的发展需要科学技术的创新、具体产业发展水平的升级、新时代多媒体数字技术的实体性提升、对绿色低碳新式生产力的普及以及当代金融领域科技的拓展创新等多元化要素的系统性融合来共同发挥作用。第五是协同性。新质生产力除了要求经济领域内的协同外，还要求发挥生产力与生产关系间的辩证作用，要求市场发展与政府的行政权力实施之间的有效协同来共同发挥作用。也即在发展的动态过程中自身既要遵循市场发展规律的同时也要求政府发挥行政作用通过上层建筑反作用于经济发展对新质生产力的发展加以协调。第六是国际性。新质生产力的发展随着广度的不断拓展和发展的多方需求，需要通过全球性的科学技术研发巨型企业、地方资源开发精研型、专业性的科学研究机构等多种类型开展国际合作，进而持续形成自身发展强大和主观影响力庞大的协同效应。

马克思主义理论认为，生产力是人类全部社会生活的物质前提。根据马克思辩证唯物主义本体论的核心思想，客观存在决定主观意识，这明确指出物质与意识的辩证关系正是以客观物质存在为基础，物质决定意识，意识反作用于物质。其现实指导意义也即要求我们分析与看待问题时要坚持一切从实际出发，主观意识必须符合并指导客观实际。据此，我们也明确了发展新质生产力并不是空想，而是社会生产进步的必然结果；但发展新质生产力并不能盲目，而要在客观条件具备的基础上有规划地推进。而马克思主义认识论也强调指出人作为认识主体，人们的社会实践是第一位的。实践与认识的辩证关系是推动社会进步的最活跃、最革命的因素，生产力标准是衡量社会发展的根本性标准，人们所达到的生产力的总和决定着社会状况。坚定不移推动生产力发展，并在此基础上不断提高人民生活水平，是一切工作的根本出发点。新质生产力的内涵及其特征表明其符合新发展理念，是科技创新交叉融合突破所产生的根本性成果。它代表了先进生产力的演进方向，在适应新时代科学技术革命和产业结构变革发展要求的过程中，能够引领并创造出强大的发展动力。新质生产力的发展对于推动高质量发展、塑造经济新的核心竞争力和发展新动能具有新时代生产力发展的重要意义。

三、县域高质量发展是社会经济发展的必然要求

在全世界广大科学技术革命和产业经济变革潮流汹涌澎湃的同时，中国特色社会主义也进入了发展的新水平，中国特色社会主义经济的发展也进入了前所未有的新时代。在此新的时代背景下推动县域基层高质量发展，不仅仅是保持国民经济持续健康发展的客观需要，更是在我国社会主要矛盾变化同时遵循社会经济发展客观规律适应中国乡村振兴发展和全面深化开展小康社会建设、全面建设社会主义现代化国家动态过程的必然要求。

第一，高质量发展是在我国社会经济形势大变化的客观背景下提出的新口号。在社会主义初级阶段，广大人民群众普遍对物质生活资料有着广大而迫切的需求，当时我国国内社会的主要矛盾是人民日益增长的物质文化需要同落后的社会生产之间的矛盾。这一矛盾决定了必须集中力量发展生产力，进行社会主义现代化建设，社会快速增长，增长率都在8%以上，广大基层的经济发展尤其迅速，人民群众的脱贫成效持续在高位。但随着社会经济的发展，社会经济发展规律决定我国的社会主要矛盾已经转化为人民群众日益增长的美好生活需要和不平衡不充分的发展之间的矛盾，而不平衡与不充分发展就是社会经济的发展质量不高在现实意义上的直接表现，这在广大基层表现得十分突出。

第二，高质量发展是在我国社会经济形势大变化的客观背景下提出的新要求。面对我国的社会经济结构所出现的新变化，随着社会经济发展的动态变化趋势，顺势出现了新的发展目标和现实要求，我国社会经济发展根据经济发展基本规律须因势利导地进行新的调整，也即如何在普遍意义上使我国的社会经济满足不同地区、不同行业和不同群体人民群众利益的需求，这在县域基层经济发展的表现上同样表现得十分突出。

第三，高质量发展是在我国社会经济形势大变化的客观背景下提出的科学规划。高质量发展是一个国家内整体的各个方面综合式的发展。它以经济的变化发展为基础起点，横向普及整个社会的经济领域，从各个细节方面向社会生活的各个行业和各个领域不断渗透。它既要求具备科学性的主观发展理念、科学合理并能够不断进行调整的经济组成结构、能够满足人们各类不同需求的有效供给体系、可以为科学技术的创新发展提供持续的动力、坚实且妥善有力的社会性综合保障体系、多样化且稳定平衡的生态环境，同时也要具有健康、安全、美丽、和谐的社会生活环境，进而实现公平美好的社会效益。在我国现阶段，高质量发展已不是单一的经济发展要求，而是我国在社会主义现代化强国建设进程中，在内政稳固、外交和谐、国防夯实的过程中，在治党、治国、治军的各个方面，以及政治文明、文化发展、社会生态维护等各方面、全方位综合性全面化发展的内在要求。所以高质量发展是社会的综合式发展，对社会广大基层有着深刻的影响。

第四，高质量发展是在我国社会经济形势发生重大变化的客观背景下提出的必由之路。以人为本的实践是社会发展的基石，在社会经济现代化发展的动态过程中，建设高层次的经济体系不仅是跨越社会发展门槛的迫切需求，也是确保中国社会经济可持续发展的战略目标。实现这一目标，首要任务是在坚持效益优先的基础上，将发展质量放在首位，进而推动经济发展动力强劲、效率提升、质量升级，实现全要素生产率的普遍提高，不断增强中国经济的创新力和竞争力。归根结底，高质量发展是经济发展的核心要求，而在人口众多的基层，这一要求显得尤为突出。

第五，高质量发展是在我国社会经济形势大变化的客观背景下提出的本质性要求。高质量发展不仅是对当前社会经济形势变化的积极响应，也是未来一定时期内调整发展思路、制定经济发展规划、实施宏观调控的根本遵循。这一要求深刻契合新时代的特征，聚焦社会发展体系的新目标，落实各项政策规划的新部署，推动社会经济实现高质量发展。通过积极推进乡村振兴，高质量发展为全面建成小康社会、建设社会主义现代化强国、实现中华民族伟大复兴奠定了坚实的物质基础。

四、发展新质生产力促进基层高质量发展的辩证思考

在新时代背景下，随着高新科学技术的持续进步和全球化的深入拓展，新质生产力与高质量发展在社会进步中呈现出辩证统一的关系。两者之间既紧密联系又微妙多元，通过系统化的融合与相互促进，共同推动生产力的发展和社会进步。然而，它们之间也存在一定的制约关系：新质生产力为高质量发展提供条件，同时也可能带来新的问题；而解决这些问题又进一步推动了发展和进步。这种相互作用遵循着通过制造问题、

解决问题实现发展的规律,共同促进了经济的繁荣与社会的进步。

第一,新质生产力是推动基层高质量发展的客观基础。从马克思主义唯物主义本体论的角度看,客观存在决定主观意识,即物质决定意识,而意识又反作用于物质。在现实生产活动中,生产力的发展必须坚持一切从实际出发,使主观意识符合并指导客观实践。这揭示了社会生活的全部内容均源于物质前提,而物质前提是推动社会经济进步的最基础性条件,也是产生需求的前提。在由客观条件组合而成的现实状态中,所欠缺的条件往往正是发展所必需的条件,满足这些条件才能实现发展。从生产力的角度来看,作为衡量社会经济发展的根本性标准,生产力的总和决定着社会发展的具体状况和需求。通过坚定不移的发展来满足生产力发展的需求,是实现发展的根本途径。因此,在物质第一性原则的基础上不断提高人民生活水平,是一切工作的根本出发点。在当前我国社会经济发展发生深刻变化的背景下,我国经济已从高速增长阶段转向高质量发展阶段。这一转型离不开新质生产力提供的坚实支撑,而广大的基层地区既拥有广阔的发展空间,又蕴含着深厚的发展潜力。

第二,新质生产力是促进县域基层高质量发展的积极动力。根据马克思主义唯物主义的本体论和认识论,在现实生活中,以人为本审视新质生产力与高质量发展的关系,可以从“四性”角度进行理解,即:客观被动性、客观主动性、主观被动性与主观主动性。在县域基层庞大的市场中,高质量发展依赖于高质量的生产力。生产力的三要素中,劳动者掌握着主动权,而生产工具和劳动对象则是客观存在。如何制造和使用生产工具,以及如何对待劳动对象,往往取决于劳动者的主观思想。

以下是对“四性”的具体分析。一、客观被动性。如果劳动者在面对新的劳动对象时,既不积极改进和创造生产工具,又不以科学的态度研究劳动对象,就会陷入客观被动性。盲目使用生产工具并粗暴对待劳动对象,必然无法实现新质生产力,从而阻碍高质量发展。二、主观被动性。如果劳动者主观上积极改进和创造生产工具,但对于劳动对象缺乏科学的研究和分析,就会陷入主观被动性。由于对劳动对象的把握不到位,同样无法创造新质生产力,也无法推动高质量发展。三、主观主动性。如果劳动者主观上积极研究并改进生产工具,但对劳动对象持有先入为主的观念,缺乏科学分析,往往会陷入主观主动性。由于对劳动对象的分析不够客观准确,仍然无法实现新质生产力的创造,进而无法促进高质量发展。四、客观主动性。只有劳动者主观上积极改进和创造生产工具,同时又以客观、细致的态度分析和把握劳动对象,并在此基础上组织生产,才能实现客观主动性。这种状态是实现新质生产力的关键,也是推动高质量发展的有效途径。

第三,坚持发展原则,以新质生产力推动县域基层高质量发展。推动新质生产力促进高质量发展，离不开唯物主义辩证法中发展原则的指导。社会经济的发展是一个螺旋式上升、由低级到高级的过程，这一过程并非直线型的形而上学，而是前进性与曲折性的统一。需要强调的是，如果仅仅依赖于原有客观条件的起伏变化，并不能称之为发展。只有在创造新条件以满足发展需求，并伴随着旧事物的消亡和新事物的产生时，才真正实现了从量变到质变的发展过程。因此，所有高质量发展都必须经过量的积累，当条件积累到一定阶段时，必须转向质的提升，从而实现真正的进步。这不仅符合经济发展的规律，也契合唯物辩证法的基本原理。在现实生活中，人们通过组合现有条件来发现其中的不足，并通过创造新条件来弥补这些不足，从而实现发展。这一逻辑在广大基层的经济发展中具有广阔的应用空间。例如，“三农”领域中文旅产业的发展就是一个典型代表。

第四，坚持批判原则，以新质生产力推动县域基层高质量发展。随着我国经济持续高速发展，当前已进入新的发展阶段。这一变化不仅通过社会主要矛盾的转变体现出来，也在经济增长质量上表现得更为直观。我国经济增长率呈现下滑趋势，这表明以往的发展模式和质量已无法满足新时代的要求。特别是在全面建设小康社会和全面推进乡村振兴的背景下，高质量发展成为必然选择。这要求生产力迈上更高层次，提供更高效率，并实现可持续发展。实现生产力的巨大进步和突破性发展，从无到有形成新的质态，需要遵循唯物主义辩证法中的“否定之否定”批判原则。正所谓“不破不立”，只有对当前存在的条件进行批判性分析，才能发现问题并解决问题，从而实现新发展。这对于三大产业在基层占据相对数量优势的地区尤为重要。例如，在第一产业中，粮食、蔬菜、水果等种植领域的科技推广与进步，正是这一原则的生动实践。

第五，新质生产力推动县域基层高质量发展的政治逻辑。根据马克思历史唯物主义的基本原则，生产力与生产关系、经济基础与上层建筑之间的矛盾运动规律指出，社会主义的根本任务是解放和发展社会生产力。社会主义相对于资本主义的优越性，正体现在其能够更快、更好地发展生产力。新中国成立之初，我们党带领全国人民仅用了几十年时间，便走完了发达国家几百年才完成的工业化历程，创造了举世瞩目的经济奇迹。这一成就的关键在于以发展生产力为核心目标，遵循经济基础决定上层建筑的原则，在推进经济建设的同时，不断优化政策支持。在当代，要实现高质量、现代化的社会经济发展，必须通过政策性的支持、鼓励和引导，培育和发展新质生产力。发展新质生产力不仅是我国社会经济全面实现高质量发展的必然前提，也是推动普遍性、均衡性高质量发展的决定性力量。它是建设现代化经济体系的坚实基础和根本动力。广大基层地区应积极把握机遇，推动新质生产力的发展，为高质量发展提供有力支撑。

在我国社会主要矛盾发生转化的新时代背景下，在全面推进乡村振兴、全面建设小康社会、实现中华民族伟大复兴的新征程上，高质量发展是一项不可或缺的系统工程。特别是对于广大县域基层经济而言，更需要积极把握时代节奏和发展机遇，在持续改进升级的同时开拓发展空间，紧跟时代步伐，广泛发展新质生产力，推动高质量发展。

第二章　引资助力篇：科学引导民间融资促进县域经济发展

融资与发展之间存在着对立统一的辩证关系。融资对企业发展具有重要的推动作用，合理的融资能够提升企业的运营效率和盈利能力，进而促进企业的持续发展。对于处于快速扩张期的企业而言，大量资金投入是必不可少的，可用于购买设备、招募人才、开发新产品等，从而提高生产力和产品质量，满足客户需求，增加企业收入。民间融资能够提供更加灵活的资金运作方式，满足企业的资金需求，降低企业发展成本，实现提质增效。然而，过度依赖融资也会增加企业发展的不稳定性。一旦企业财务遇到困难，可能会引发债务违约、信用缺失等问题，影响企业的长期发展。因此，为了实现合理融资，企业需要平衡短期与长期目标，根据自身情况和市场环境灵活调整融资策略，在两者之间寻找平衡点，以规避潜在风险。此外，政府在融资问题中的角色也至关重要。通过优化资本市场制度建设、推进融资具体措施，提升市场的可投资性，进而吸引更多的增量资金入市，为企业的健康发展提供更好的融资环境。

县域基层经济的发展大势主要受三方面因素的影响，而这些因素都离不开融资的支持。

第一，受客观自然环境条件的制约。面对山地、平原、丘陵、湿地、沙漠、森林等不同的地域条件，即便主观上希望大力发展高产行业，也只能在保障基本发展需求的同时，有针对性地选择适合自身条件的优势项目，以实现发展效益的最大化。此外，在同一区域内，地质条件、土壤成分、板块构成的差异也决定了产业推广无法采取“一刀切”的方式。然而，无论发展何种产业，都离不开资金投入。融资作为一种主观行为，其目的正是满足企业对客观资源开发的需求。

第二，受经济发展一般性规律的制约。从宏观角度来看，基层经济发展受到生产力与生产关系之间矛盾运动的影响。例如，人们在生产经营过程中表现出的“跟风”趋向性问题；从微观角度来看，经济发展实践中的细节如同业竞争、供需矛盾、追求价值最大化等，也对县域基层经济的现实发展产生重要影响，这些因素均对融资提出了更高的要求。

第三，受行政政策性的制约。这主要表现在国家至地方自上而下的纵向规章制度和发展规划对县域经济体系发展的方向性指导，与基层经济发展在横向层面遇到的各类瓶颈、门槛、红线等难题之间产生的多维性矛盾。而这些矛盾的核心往往集中在资本运作上。

社会发展是一个有规律可循的动态历史过程，其变化发展由生产力与生产关系、经济基础与上层建筑之间的矛盾运动规律决定。在生产过程中，投入是产出的基础和前提，没有适当的投入就无法实现预期的产出。最直观的表现是，没有资本的投入，就不可能实现经济增长。当然，投入并不一定能保证产出，因为产出不仅由投入决定，还需要一系列条件的有效配合。也就是说，融资是生产中的必要条件，但不是提高生产效率的唯一决定性因素。生产效率是一个非线性的概念，增加生产要素的投入并不一定会带来与其成正比的产出增长。因此，资本投入是产出的前提，但生产效率还受到其他多种因素的共同影响，只有统筹协调才能实现收益的最大化。

针对县域基层经济发展的多维度、多元化、多样性等复杂问题，其核心可以归结为一条主线——资本融通的高效运作。发展经济的前提条件是资本的有效保障，因此，科学引导民间融资是促进县域经济发展的重要举措。当前，随着国际金融形势对国内影响的加深，在国家货币政策主要向大项目和前沿项目倾斜的背景下，县域基层经济面临的融资难问题日益凸显。与此同时，充裕的民间资本在投资方向不明朗和银行存款利率降低的双重影响下，正急于寻找新的投资渠道。这恰恰为县域基层经济发展提供了丰厚的资本来源，为中小企业注入了充沛的生机和活力，甚至成为一些县域创新型中小企业的“救命稻草”。

一、我国民间融资概述

民间融资从具体含义上来说，主要指出资人与受资人之间，在国家法定金融机构之外，以取得利息或资金使用权为目的，暂时改变资金所有权的金融行为。民间融资是相对于国家依法批准设立的金融机构融资而言的，泛指非金融机构的自然人、企业及其他经济主体（财政除外）之间，以货币资金为标的的价值转移及本息支付。通俗来说，民间融资就是游离于国家正规金融机构之外的、以资金筹措为主的融资活动。事实上，我国的民间融资自古有之。早在原始社会末期，信用活动就已萌芽，到了南北朝（420—589 年）时期，信用事业逐渐发展。明清时代的钱庄和票号，标志着中国民间金融的黄金时代。当时，官办金融机构尚未出现，民间金融机构在货币交易和流通中发挥了重要作用。农村主要以当铺为主，城市则以当铺、钱庄、票号为主要的金融形式。1949 年后，中国的银行全部实行国有化，未经中国人民银行批准的民间吸储借贷行为一律被视为非法。

改革开放后，随着乡镇企业和私营企业的崛起，产生了巨大的资金需求。然而，在国有商业银行垄断中国金融业的背景下，出于利润与风险控制的考虑，这些银行更倾向于将贷款发放给国有企业，特别是国有大型企业，而忽视了对民间中小企业的支持。因此，民间融资逐渐成为中小企业的重要融资渠道。对现代民间融资的关注，最早始于1992年。时任国务院总理李鹏在常熟主持召开全国第一个县域经济工作会议时，山东代表团在介绍县域经济发展经验时首次提出了县域民间融资问题。此后，小额信贷试点工作逐渐展开，在很大程度上刺激了民间融资的发展。三十多年来，民间融资在发达地区的活跃度不断上升，其对于推动经济发展所作的贡献也日益凸显。

当代根据途径、方式的不同，民间融资主要有四种形式。民间借贷是最基本的形式，具体包括"企业之间融资""企业向公民个人融资""工商户之间融资"等。民间票据融资则受限于资金数额与专业水平，多见于规模相对较大的企业之间，主要表现为汇票等"票据贴现"。民间有价证券融资以发行股票与债券为主，民间发行只能由少数发起人持股（仅限于企业有限的股东范围内），上市后才可以面向社会公开发行股票，若不上市发行则可能涉嫌非法集资。社会集资则主要是企业内部集资。其中，民间借贷是最主要的融资形式，而民间有价证券融资与社会集资较为薄弱，操作稍有不当即有可能违法。

民间借贷根据交易主体、融资用途与利率水平的不同，又可分为四种类型：一是低利率的互助式借贷。融资主体主要为自然人，融资双方关系密切，融资主要用于应付短期生活急需，融资规模较小且大多不计利息或利息较低。这类借贷在经济落后地区的农村小额民间融资中较为普遍，但经济发达地区同样存在，只是两者的融资利率有所不同。根据实践调研，山东省乡村互助式的短期民间融资中，一般只有五分之一左右需要支付利息，但不同地区也存在差异。以山东省潍坊地区为例，一年期的利率水平大多在2%~5%。二是利率水平较高的信用借贷。融资主体主要是个体户及民营中小企业，以关系和信誉为基础，多用于生产性周期较长的资金需求，融资利率水平主要依据借款人实力、信用情况商定或随行就市。这种以信用交易为特征的利率水平较高的借贷是民间融资的最主要方式。据实践调研，这类民间融资在山东省潍坊市的利率水平大多集中在10%~20%。三是不规范的中介借贷。包括借助正规中介机构的融资行为以及依托非正规中介组织进行的民间融资。近年来，地下钱庄、基金会、标会、银背等非法融资机构数量大大减少，但相继出现了有固定资金运作规则、融资模式类似银行信贷的信息咨询公司、乡镇企业投资公司等新型民间借贷组织，甚至出现了专门为借贷双方担保的经纪人。四是变相的企业内部集资。由于目前国内缺乏系统、正规、运作成熟的法定创业投资基金，许多中小民营企业、个体工商户常以"保证金"、职工集资、合股经营、吸纳外地资金入股等形式直接从民间筹集资金,用以维持或扩大生产经营规模。民间集资成为中小民营企业资本原始积累的重要渠道。在山东省内,这种企业内部集资自发承担起了创业投资的任务,使得众多中小民营企业从无到有、逐步成形。此外,在融资渠道形式上,除公民和企业间的直接借贷、企业集资(集股)、私募基金、资金中介和"地下钱庄"外,小额贷款公司、典当行、担保公司等机构也大量参与民间借贷。

二、民间融资的特点

第一,手续便捷、效率高。中小企业到金融机构申请一笔贷款,最快也需要两周甚至更长时间,同时需要借款者提供相关资料,并办理抵押、担保等手续。而民间借贷双方一般为同乡熟人或是亲朋好友,对资金的用途、还款来源以及借款人的道德品行相互了解。当借款方需要资金时,或通过中介人或直接向出借方说明资金用途、借款金额、还款能力及日期、利息等,以口头或协议形式取得资金。因此,有的交易不需要复杂手续,即使有手续也仅需简单载明借贷双方、日期、还款金额或利息的简要凭据,一般只需一到两天,甚至当天即可获得资金。民间借贷中一半以上是私下达成的交易,对借款方来说,手续简便,在急需资金时办理非常方便,因此深受急需资金者青睐。

第二,期限灵活、范围广。民间融资的期限多由借贷双方根据资金周转情况协商确定,具体情况不同,期限也各异。在双方协商的基础上,期限可以自由调整。总体来看,融资期限以短期为主。据笔者调查,为了降低利息负担和规避风险,目前民间融资期限主要集中在一年左右,其中半年的约占30%,大部分为一年期,少数为两年期,超过三年的则属于极少数。当然,部分经营性借贷可以按年为单位协议顺延。民间融资几乎覆盖了县域经济生活的各个行业和领域。从借款用途看,多用于解决临时性资金短缺,包括生产经营、商品贸易、农用机具、农贸交易、大宗物品购置等,或用于解决企业、各种专业户、个体户等生产经营资金不足的问题。一般来说,企业、单位的经营性借贷以及建房、养殖借贷等期限相对较长,通常为半年到一年,或更长时间分期偿还;其他用于临时性周转的借贷,期限一般较短,从几十天到一年不等。

第三,重信誉、偿还率高。民间融资的纠纷相对较少,借款人的信誉较高,欠钱不还的现象较少出现,坏账率低,偿还率高。随着网络借贷平台的增多,民间借贷也受到较大影响。网络借贷对银行借贷的综合评估产生了显著影响,民间融资因此日益重视风险评估。俗话说"救急不救穷",当代的民间融资同样十分重视偿还信誉。民间融资的债权债务关系明确,一般而言,借贷合约双方均以个人名义出现,不涉及企业,隐含着借款人对债务承担无限责任,这增强了借款人的还款意识和经济责任。民间借贷注重社会关系的传统价值观,借贷主体体现了社会关系的"信息对称"性,融资双方多通过

“血缘”“亲缘”“地缘”“业缘”等社会关系媒介实现资金融通，形成了以信用保证替代正规金融风险评价体系的现象。因此，农村民间融资非常讲究“有借有还，再借不难”。一方面，借款人还款意愿较强。目前农村私营、个体业主对民间融资渠道十分重视，一般情况下借款人不会损害自己的信誉赖账不还，以免断送融资渠道。另一方面，借贷是双方自愿的。目前民间融资的借贷双方通常会提前明确责权利，很少借助暴力手段或强迫行为，即使双方发生纠纷或不能按时还款，也能够通过沟通协调解决。而对于行业内部的融资，双方可以相互制约，借出的资金有较高的安全保障。

第四，主体多、形式灵活。民间融资主体多元化，既包括中小企业，也包括公民个人；既有机关事业单位及其他社会组织，也不乏县域内的国有和集体企业。公民个人不仅包括个体户、企业老板、工人，也包括农民、干部甚至金融机构工作人员。融资形式也多样化，既有公民个人向公民个人融资，也有公民个人向单位融资；既有单位向公民个人融资，也有单位向单位融资等多种方式。以昌邑市为例，农村及部分中小企业主要采取向公民个人直接融资的方式，融资范围主要集中在亲朋好友之间借贷，或通过中间人向他人借贷。规模较大的企业，特别是改制型企业，主要采取有组织的借贷方式，很多是企业内部有组织地向员工借贷。一些信誉较好的企业则通过向社会公众和其他法人借款等方式进行融资。

第五，利息差别大、趋利性强。一般而言，民间融资的城镇利率较高，乡村利率较低。根据对山东省昌邑市的调研，城镇借贷年利率一般在5%~20%，而乡村借贷年利率一般在0%~15%，年利率差异较大。高息借贷的借款人主要包括私营企业、个体矿主、乡村农户、股份制企业等；笔者调查发现，乡村借贷中高利贷较少，利息较低的借贷多发生在较熟悉的亲朋好友、老乡同事之间，利率一般等同于同期银行存款利率或银行贷款利率，其中大约有20%的借贷不需要支付利息。同时，城镇借贷较为规范，趋向书面化，大多数借贷需签订书面协议，协议条款包括担保人（中介人）、借款金额、利率、还款期限、违约金等，数额较大的借贷还需要以房屋等实物作抵押。过去，乡村借贷以互助性质为主，且多为亲戚、熟人朋友之间的借贷行为，大多以口头约定为主。但现如今的民间融资具有很强的趋利性，生产领域的融资均为有偿融资。融入方愿意承受一定的费用支出，融出方则希望获得一定的利益收入。融资方向也发生了重大变化，过去民间融资主要是“富帮穷”，资金从富裕户流向经济困难户，而现在资金则从一般农户流向农村中会经营、懂管理、有效益的能人，呈现“民助富”的特点。民间融资的利率定价幅度因情况不同而差异较大。据笔者调研，多数企业反映昌邑市当前民间借贷的利率水平虽然比银行、信用社高，但手续简单，其他费用较少，基本可以接受。

三、近年来民间融资发展形势

早在2004年,央行发布的《中国区域金融运行报告》中就曾开设专栏对民间融资进行了分析。这在学术界掀起了探讨民间融资的一次小高潮。此后,央行每年的金融运行报告都对民间融资保持关注。在2008年第二季度货币政策执行报告中,央行再次开设专栏讨论民间融资,并对其作用给予了积极评价。到2011年,国务院的《政府工作报告》中特别强调了民间融资的积极作用,民间融资的发展由此进入快车道,在县域基层经济中日趋活跃。

近年来,民间融资的迅速发展源于供给、需求、政策三方面的原因。从供给方面看,民间资本充裕而金融机构对中小企业的贷款支持不足。一是民间闲置资金较多。在银行存款利率低、股市不景气的背景下,出于盈利目的,民间资金急于寻找新的出路。随着经济的发展,一方面,公民个人收入显著提高,财富不断积累;另一方面,一些早期从事个体经营或创办企业的人已经积累了相当规模的资金,在完成资本积累后逐渐脱离实体经济,将资金投向民间融资市场,成为食利阶层。这些都为民间融资提供了较为充裕且稳定的资金来源。由于银行存款利率持续走低,而股市表现不佳,在保值和增值的需求驱动下,民间资金急于寻找新的投资渠道。民营中小企业的发展能够提供较高的投资回报率,为民间资本的保值与增值提供了新的选择。二是国有商业银行贷款"门槛"高、手续烦琐。在贷款对象的选择上,银行采取优中选优、好中选好的策略,贷款标准相对统一,对信用等级要求较高,不符合条件的企业不予考虑。然而,在县域内,能够满足国有商业银行贷款条件的中小企业寥寥无几,绝大部分中小企业被拒之门外。此外,银行要求中小企业提供抵押物,这实质上是为了弥补对企业信息掌握不足的缺陷,但中小企业往往无法提供足额的抵押物,且其融资金额较小,单笔融资成本高,这使得商业银行对中小企业贷款缺乏兴趣。三是金融机构对地方中小企业的服务功能弱化。近年来,国有商业银行加快改革步伐,经营重心向大城市、大企业集中,对县级及以下机构的关注度降低,导致县域金融主体缺位。而农村信用社由于规模较小,金融服务相对滞后,难以承担起支持县域经济发展的重任。其贷款覆盖面局限于少数龙头企业和评定了信用等级的农户,众多中小企业和未评定信用等级的农户被排除在外,难以满足企业和规模种养户的信贷需求。

从需求方面看,产业规模的扩大导致生产性资金需求旺盛,而经济波动则引导资金流动。一是产业发展规模扩大,资金需求旺盛。从民间借贷资金的分布来看,当前民间借贷主要集中在经济比较活跃的地区,特别是那些私营企业集中的县市。以昌邑市为例,小型纺织企业多达两千家,但绝大部分是民营中小企业,80%以上的企业自有资金不足，需要进行生产性与流通性贷款。如遇产品滞销等情况，企业就会面临资金掣肘，而能够通过正常银行贷款的企业很少，大部分资金需要通过民间借贷融资。二是经济波动的影响。一方面，在宏观经济波动的情况下，部分行业的产品价格居高不下，市场火爆，利润丰厚，吸引了大量资金投入；另一方面，受市场供求变动、出口受阻，特别是金融危机等因素的影响，企业资金链出现缺口，短期内需要大量资金维持生产。

在国家相关政策的鼓励下，当前民间融资在发展中呈现出与以往不同的四个新时代特征。一是融资活动日益公开化。商业银行个人委托贷款业务的推出以及宏观调控措施实施后中小民营企业资金的紧张，客观上促使民间融资更为活跃。用于生产投资、商贸活动的大额民间融资时有发生，民间融资行为逐渐得到公众的认同，转向半公开化或公开化。二是融资行为渐趋理性。一方面，县域民营中小企业的发展对民间融资的需求日趋旺盛，并能提供较高的投资回报率，从而拓宽了民间融资理性选择的范围；另一方面，民间融资相关主体的风险意识不断增强，对信誉要求很高，形成了特定的民间融资“市场准入”制度，使得违约现象较少。三是专业化水平不断提高，专业的投资咨询公司不断增多。四是生产性融资比重上升。随着居民财富的增长与积累，生活互助性的民间融资逐步萎缩，而面向生产性的融资比重不断上升。以山东省昌邑市为例，民间资本充裕，自 2000 年以来一直以双位数增长，至 2023 年底储蓄存款余额达 700 多亿元。但总体来看，昌邑市的民间融资市场仍处于低级阶段：一是民间融资的规模较小，发展相对保守；二是民间融资市场较为散乱，基本以亲朋好友间或通过中间人借贷为主。

四、民间融资利弊分析

矛盾的观点是唯物主义辩证法的核心观点。一切主客观事物都是由既相互对立、又相互统一的矛盾组合而成的，在矛盾双方此消彼长的斗争中推动着事物的发展。对立统一规律揭示了事物发展的源泉和动力。其现实指导意义在于，在经济活动中坚持两点论与重点论相统一，即在充分分析矛盾双方的基础上，有重点地引导在经济发展进程中占优势的一方发展。民间融资同样如此。在分别对民间融资在县域经济发展中的利弊进行深入分析后，应避弊趋利，促进民间融资发挥积极作用，助力县域经济发展。

民间融资在县域经济生活中的积极作用主要表现在以下六点。

（一）民间融资为商业银行融资提供了必要补充，有利于缓解企业资金困难

民间融资在一定程度上弥补了正规金融机构对地方中小企业尤其是民营企业的信贷支持不足，缓解了企业的资金困难。一方面，随着县域中小企业生产经营规模的扩大，其对资金的需求急剧增加，但因已有贷款未还等原因，从银行等金融机构贷款日益

困难,民间融资成为解决企业资金紧缺的重要途径。另一方面,对于一些有发展潜力和较好市场预期但缺乏资金的创业初期小企业,在无法取得银行贷款支持的情况下,通过民间融资使企业得以发展壮大。在笔者对城乡 200 个对象的调查中,昌邑市有 82%的个体工商户和种植大户没有在银行贷过款,主要原因是缺乏可抵押资产或找不到银行认可的担保单位。资金不足时,他们全部通过民间融资解决,虽然利率较高,但手续简便、速度快,能够解决实际困难。

(二)民间融资有利于资金的合理配置,提高资金使用效率

资金合理配置的原则包括以下三个方面。其一,资金来源上的配置:自有资金与负债的配置要合理,自有资金中资本与留存收益的配置要合理,负债中流动负债与长期负债的配置要合理。其二,资金占用上的配置:长期资产与流动资产的配置要合理,流动资产中各项目的配置要合理,长期资产中各项目的配置要合理。其三,资金来源与资金占用间的配置:长期资产与长期资金来源的配置要合理,短期资产与流动负债的配置要合理。民间融资债务属于流动负债,在资金合理配置中占有重要地位。因此,民间融资既可以避免企业陷入负债危机,维持生产;又有利于合理配置和利用民间资本,提高收益率,建立和谐的融资市场。此外,由于民间融资多属个人行为,增强了借款人的还款责任和对项目的理性投资,能最大限度地提高资金的经济效益,为企业创造更多财富,投资成功率较高。同时,民间融资有利于在全民创业中使资金向能人集中,提高使用效率,还可以促使投资者和借贷人关注市场,提升市场经济意识。

(三)民间融资资金到位及时,促进社会资本循环流通

机遇稍纵即逝,企业在市场机遇到来时,需要迅速获得周转资金启动生产。与金融机构贷款相比,民间融资由于手续便捷,资金到位及时,虽然成本较高,但生产启动后可以获得丰厚利润,除归还本金和利息外,仍能获得较大收益。在因资金周转困难导致产业资本循环链中断的情况下,如果没有及时的资金投入,前期的投入可能付诸东流,甚至导致企业倒闭。反之,通过民间融资及时补充资金,销售后的收入可以弥补产业资本循环链的空缺,实现资金的回流和增长,不仅能够偿还债务,还可以继续扩大生产规模。

(四)民间融资有利于促进金融体制改革,分散金融风险

民间融资在一定程度上改善了间接融资和直接融资比例失调的状态,有利于打破我国长期以来由商业银行等正规金融机构垄断市场的格局,推动金融体制改革、创新产品、改善服务、提高效率,促进多层次信贷市场的形成和发展。在间接融资占比过高的情况下,民间融资减轻了中小民营企业对银行的信贷压力,特别是承接了部分中小企业成长初期和困难时期的融资高风险,分散了银行的信贷风险。同时,由于借款人与贷款人联系密切，便于对投资项目进行优选，并对资金使用情况进行实时监督，加强风险控制，从而将金融风险降至最低。

（五）民间融资缓解社会就业压力，增加群众收入

作为民间融资最活跃的群体，民营企业已成为地方经济发展中增速最快、潜力最大的一支重要力量，对地方经济的支持和拉动作用十分显著。中小企业在民间融资的支持下持续发展，甚至不断扩大规模，吸纳了大量社会剩余劳动力。以山东省昌邑市为例，据笔者不完全统计，截至2023年底，各类中小企业吸纳长期和阶段性社会劳动力（包括外来人口）约20万人，极大缓解了社会就业压力，为社会稳定作出了贡献。同时，企业为雇佣人员支付的工资也增加了群众收入。此外，民间融资使拥有闲置资金的人获得了高于银行利率的回报，有利于促进中等收入群体的形成。

（六）民间融资有利于促进消费，增加政府财政收入

生产离不开消费，消费促进生产，而现代生产又依赖于消费。企业扩大生产必然需要购买原材料、设备等，而县域中小企业中有许多是初级加工企业，直接消耗本地及附近产出的原料，从而促进消费。群众收入的增加也进一步促进了消费，形成良性循环。此外，个人消费借贷解决了城乡居民的燃眉之急，繁荣了本地消费市场，促进了经济发展。除上述作用外，随着民间融资的发展，逐渐宽松成熟的融资环境和合理的市场结构还有利于招商引资，甚至可以引导中国民营资本"走出去"，到境外直接投资，实现跨国盈利。

民间融资现实中存在的问题、隐患及负面影响主要有以下六点。

（一）主观认识存在偏差

在现实生活中，部分群众存在认识上的偏差，认为"银行的钱是公家的，民间的钱是个人的"。这种观念导致还贷时优先偿还民间债务，甚至只还民间债务而不还国家金融机构的贷款，加大了国家主体金融机构的运营风险。民间融资的资金收回刚性较强，且部分借款人认为民间机构或个人的钱必须还，而银行是"公家"的钱，能赖就赖。

（二）法律保障不足

虽然国家针对民间融资出台了相关规定，但从法律角度并未给予其准确定位。一方面，一些合法的民间融资活动缺乏相应的法律保护，制约了其积极作用的发挥，导致民间融资被称为"地下金融"或"灰色金融"，不利于其长期有序发展。另一方面，民间融资的债务纠纷缺乏法律支持。民间借贷多以信用融资为主，手续简单、材料不完备、缺少抵押担保，且缺乏必要的管理和适用的法律法规，具有盲目性、不规范性和不稳定性。一旦借款人丧失偿还能力，往往引发借贷双方的债务纠纷，甚至升级为法律纠纷。

(三)影响金融体系及其他宏观政策

民间融资分流了大量存储资金，给国家主体金融机构带来一定压力。由于民间融资经营活动随意性强，如果任其发展，容易引发非法高息集资或为非法资金提供活动空间，扰乱金融秩序和信用环境。虽然民间融资遵循市场经济规则运行，但其自发性强且缺乏监督，使得体外信用膨胀，资金游离于银行体系之外，导致国家金融宏观调控政策难以有效实施。此外，融资双方往往只注重个人利益而忽视社会效益，导致资金流向盲目性较大，刺激低水平重复建设，特别是一些高耗能、高污染的“五小”企业发展。这不仅削弱了国家宏观调控能力，还可能使宏观经济政策在某些地区难以有效执行，对正常的宏观金融调控造成冲击。

(四)监管问题突出

首先，民间融资具有流动性强、隐蔽性高的特点，外界监管力量难以掌握其资金流向和借贷双方信息，导致监管困难。其次，民间融资缺乏专门的管理机构，各类民间融资组织的管理部门不一，缺乏统一协调，难以准确评估其放款总量和风险隐患。最后，民间融资缺乏利率监控，部分融资利率远超央行基准利率，加重了企业负担，吞噬了企业正常利润，不利于中小企业健康发展。

(五)对社会稳定的影响

首先，民间借贷金额较小，但涉及人员广泛，且多发生于基层。一旦发生纠纷，容易引发民事纠纷，对社会安定产生负面影响。其次，民间借贷特别是高利贷，一旦出现欠债不还的情况，部分放贷者可能通过暴力手段追讨债务，威胁借贷双方的人身和财产安全，甚至引发刑事犯罪，对社会危害较大。

(六)加重企业负担的风险

在经济波动的影响下，民间借贷利率可能高于企业资金利润率。虽然借贷能够缓解企业的燃眉之急，但在高息负债和低效益的双重压力下，企业往往得不偿失。为偿还债务，企业进一步增加财务支出，使原本不佳的效益雪上加霜，加重企业负担，导致资金使用陷入恶性循环。

五、加强规范与引导民间融资，促进县域经济发展

在对民间融资在经济发展中的利弊进行深入分析后，针对所存问题加以改进和协调，以促进县域经济发展，具体建议如下。

第一，健全政策法规。民间融资作为一种资金补充形式，在满足中小企业和农村多样化资金需求、促进居民消费等方面具有积极作用。因此，对待民间融资不应一味打击，国家应制定相应的鼓励和规范政策，引导民间资本有序进入投资领域，为不同经济

主体提供资金支持,推动县域经济发展。加强法律法规建设,规范民间融资的权利义务和责任负担。在立法上对民间融资组织和行为进行规范,明确其业务经营的相关权利义务、交易方式、契约要件、违约责任和利益保障,为民间融资构筑合法平台。规范非正规民间融资组织。对于非正规民间融资组织,应积极加以规范和引导,发挥其正面作用,限制其负面影响,使其成为资金市场的有益组成部分。打击非法融资行为。加大对非法集资、高利贷和地下钱庄等违法行为的惩处力度,为民间金融营造良好的发展环境。

第二,加强政府引导。加强政府引导一是引导民间资本合理流向。拓宽民间资本的投资渠道,放宽民间投资的产业准入条件,增加民间投资的项目选择范围,防止民间融资背离国家宏观调控政策和产业发展方向。发展非银行金融机构及其他正规民间融资组织。

二是积极引导非银行金融机构为企业和个人提供融资服务,鼓励投资银行、信托公司、财务公司、租赁公司、典当机构等创新金融产品,拓展服务空间,支持中小企业和个人的正当融资活动。特别是信托业,作为民间资本与实业投资的桥梁,应加大扶持力度,使其成为银行信贷之外的重要投融资方式。此外,应加快推进民营小额贷款机构的试点工作,吸收以往试点经验,扩大“只贷不存、风险可控”的民营小额贷款公司试点范围,吸引民间资金进入正规金融渠道,增强正规金融体系的竞争力,降低非法民间借贷的活跃度。

三是引导民间融资公开登记并规范经营方式。条件成熟时,可建立行业联盟,对民间融资流向加以正确引导和利用。四是加大国家宏观调控政策的宣传力度。增强行业政策的透明度,通过信息披露等措施引导民间资金流向国家鼓励发展的行业和领域,避免低水平重复建设,减少民间融资的政策性风险和损失。同时,引导民间融资利率合理化,通过深化金融体制改革和开放,鼓励多种形式的金融创新,扩大民间资本的投资领域。五是地方政府应积极推动民间融资发展。地方政府应正确对待民间融资对辖区经济发展的影响,切实改善投资环境,鼓励和引导民间资本直接投资地方经济建设。应深化投资体制改革,制定与外商投资、“招商引资”同等的优惠政策,扩大民间资本进入的投资领域,激活当地民间资本,助推区域经济发展。地方金融主管部门应积极推动民间借贷中介行业的发展,解决其面临的问题,例如:科学推进民间借贷专业化发展,进一步发展典当行;构建完善的民间借贷从业人员诚信体系;营造和谐的民间借贷经营环境;优化民间借贷业务结构;强化行业社会责任,实现社会效益和经济效益的双赢。

第三,完善相关机制。一是完善利率市场化机制。通过利率市场化改革,使资金在正规金融与民间借贷中得到合理分布,提高资金配置效率,降低民间融资的利率风险和成本压力。

二是坚持银行主导机制,规范民间融资行为。金融机构应完善个人委托信贷业务,发挥信用中介职能,将民间融资活动纳入商业银行中介业务范围,为民间借贷双方牵线搭桥。商业银行可利用其网点分布广、经营优势明显等特点,将民间融资转化为中间业务。具体操作中,金融机构可按委托人确定的对象、用途、期限、利率代为发放贷款,并监督资金使用和收回贷款。通过明确借贷双方的权利、义务及相关责任,协助双方签订合同,并对借款方资金使用情况进行监督,如发现异常及时向贷款方反馈,以防范借贷风险。商业银行可按借款方实际付息的一定比例收取中介费用,既增加中间业务收入,拓宽社会资金投资渠道,又使民间融资行为更加规范化。

三是强化社会信用机制建设。加快全国性和区域性征信系统建设,使具有不良信用记录的企业和个人在融资市场上难以立足。可依托中央银行现有的信贷登记系统和个人征信系统,探索开展民间融资组织融资方的信用登记,为民间融资搭建交易和信用平台。同时,加强对失信行为的限制与处罚,维护正常的民间融资秩序。

四是设立行业准入机制。建立专业管理机构或行业协会,形成与政府、社会的有效联系,传达政府政策意图,规范执业行为。要求从业人员必须通过从业资格考试,实现持证上岗,降低从业人员的违规风险和道德风险。

五是推进组织机构多元化机制。创建多种形式的民间融资组织,借鉴银行业多年发展经验,为民间融资活动设计合理框架。例如,建立民间借贷基金会、委托放款协会、社区金融机构、小额贷款组织、农村资金互助组织等融资机构。这些组织可通过会员或社区内部募集专项资金作为基金,通过转手融资、相互调节、互通有无、有偿使用等方式,向会员和社员提供融资及信用中介服务。此外,可参照商业银行的运作模式,成立专门的催收服务公司。例如,借鉴中国建设银行深圳分行的经验,雇请专业催收公司,压缩经营成本、降低风险,提高催收的专业化水平,促进社会稳定与和谐。

第四,规范操作流程。从现实调查情况看,民间融资的操作流程和方式主要有以下四种。一是开具票据借条。通过第三方介绍和引荐进行借贷,开立收款收据,约定借款期限和利率,随用随借或以第三方作为保证人或担保方。二是口头约定。这种情况多发生在亲戚朋友、邻居同事之间,依赖双方信任关系进行借贷,缺乏书面凭证。三是正规协议。一些资金较为富裕的个体户和中小企业主,在暂无良好投资项目的情况下,向急需资金的企业或个人提供高息借贷,签订正式协议。四是硬性摊派。民营企业和地方国有企业向职工集资,带有一定的强制性或半强制性。民间借贷合同文本属于一类特殊合同,其标的物为货币,直接影响资本市场的稳定,属于国家严格控制的领域,因此合同的严谨性与规范性至关重要。规范的合同文本不仅有助于明确双方权利义务,还可为民间借贷的统计提供准确数据。因此,应大力推广正规协议和合同书,进一步规范合同文本,确保合法合规。

第五,构筑监管体系。一是建立专门的监管机构或组织。采取切实有效措施,加强对民间融资活动的监测分析,及时向银行等金融机构进行风险提示,避免民间融资对金融稳定造成负面影响。二是建立民间融资信息采集体系。及时收集相关数据,监测民间资金的规模、性质、利率、来源与流向以及风险状况等信息,为宏观调控提供可靠依据。对演变为地下非法金融组织、分流存款、分割贷款业务、形成黑市利率、扰乱金融秩序的行为,应及时联合有关部门采取措施,坚决打击。三是建立民间融资申报通报制度。实行合同申报备案制度,即借贷合同需向监管机构备案,便于统计与管理。同时,积极探索建立民间融资监测通报制度,定期或不定期通报民间融资动态,增强监管透明度和有效性。四是建立监管联动体系。主管部门与相关部门应形成快速高效的联动机制,确保民间融资监控体系有效运转。民间融资只是正规金融的补充,不应无限制膨胀。因此,在监控过程中,应重点关注资金来源,谨防信贷资金流入民间借贷市场,影响金融系统的稳定性。

第六,加强研究、教育与宣传。一是鼓励民间借贷研究。通过深入研究探讨,完善民间借贷的相关办法。目前,全国各高校金融专业人才在民间借贷领域已开展大量研究,可借助其理论成果,在实践中加以验证,为规范民间借贷进程提速,同时推动和创新民间借贷研究领域,为民间借贷健康发展提供坚实的理论依据。此外,可通过研究成果在全国范围内的推广应用,推动各地民间资本良性运作。

二是加强宣传工作。金融主管部门应充分利用电视、互联网、报纸等信息传播平台,加强对公众的金融法律知识宣传,使广大群众了解相关政策、法规及民间融资的利弊,普及金融知识,增强风险意识,自觉抵制非法金融活动。

三是加强教育工作。在民间融资资本较为充裕的地方,应加大对相关法规的宣传教育力度,避免群众参与非法集融资活动,增强其法律意识和风险防范能力。

在对民间融资与企业发展辩证关系充分认识的基础上,通过提升实践的高效运作,可以实现融资收益与企业发展的双赢,推动县域经济高质量发展。

第三章　潜力发掘篇：提升辩证思维推动县域服务业高效发展

社会经济的发展是一个动态的前进性过程，在这一过程中，问题的出现固然是阻碍因素，但并非不可跨越的门槛。从辩证唯物主义发展原则来看，发展的核心是事物从简单到复杂、从低级到高级的变化趋势，其实质是新事物的产生和旧事物的消亡，是一个由量变到质变、前进性与曲折性相统一的过程，而这一过程中的关键点在于有利条件的不断积累。在现实生活中的体现是，只有解决了问题才能实现发展。

具体到县域经济的发展进程中，曲折性同样不可避免。然而，通过对发展问题进行辩证分析，我们会发现，许多发展难题恰恰是自身潜力的体现。随着我国社会主要矛盾的变化——从20世纪90年代“人民日益增长的物质文化需要同落后的社会生产之间的矛盾”，到中国特色社会主义进入新时代后“人民日益增长的美好生活需要和不平衡不充分的发展之间的矛盾”——现代服务业的地位日益凸显。我国当代社会主要矛盾与现代服务业的发展密切相关，因为这种不平衡不充分的发展问题在产业结构上主要表现为现代服务业相对于制造业发展的滞后。

在产业融合日益密切的现代经济中，服务业已成为经济增长的重要动力和现代化的重要标志。大力发展现代服务业是优化产业结构、转变经济发展方式的一项迫切而重要的任务。现代服务业的发展对于满足人民对美好生活的需求、推动经济高质量发展具有重要的现实意义。其高质量发展本身就是推动生产力现代化高质量发展的内在要求之一，也是建设现代化产业体系的必要条件，更是维护国民经济平稳运行、满足人民群众对美好生活向往的重要支撑。一方面，现代服务业的发展在现代化进程中的经济结构演变和产业成长中遵循一般性规律，具有普遍性意义。随着制造业服务化趋势日益明显，服务业与制造业相互渗透、融合，优质高效的现代服务业成为建设现代化产业体系不可或缺的重要支撑条件，不断满足生产力发展的需求。另一方面，现代服务业的持续发展提升了其规模效应，优化了内部结构，实现了生产率的提质增效，直接满足了人民群众日益增长的多样化生活需求。

早在《中共中央关于制定国民经济和社会发展第十一个五年规划的建议》中就明确指出，要促进服务业加快发展，尤其是要大力发展金融、保险、物流、信息和法律服务等现代服务业。国务院还在2007年专门下发了《关于加快发展服务业的若干意见》,提出了加快发展服务业的总体要求和主要目标。从党的十七大到二十大以来的重要会议,无不强调发展现代服务业的重要性。地方各级政府也基本都出台了支持现代服务业发展的政策性规划文件。在经济发展潜力与矛盾并存的今天,大力发展现代服务业对于促进城乡一体化的县域经济具有十分重要的现实意义,是县域经济"转方式、调结构"的一个重要突破口。

一、现代服务业概论

我们通常所说的"服务业"泛指第三产业。根据我国《国民经济行业分类》(2017年版)的规定,三次产业的划分范围如下:第一产业包括农、林、牧、渔业;第二产业包括采矿业,制造业,建筑业,电力、燃气和水的生产及供应业;第三产业包括除第一、二产业以外的其他行业,包括科教文卫、交通运输、批发零售、住宿餐饮、金融、房地产、商务服务、信息、公共管理、社会组织、国际组织等十五个大行业。而"现代服务业"是相对于传统服务业而言的,主要指在工业产品大规模消费阶段以后,伴随着信息技术和知识经济的发展而出现的新型服务业。它依托现代管理理念、经营方式、组织形式和高技术发展起来,具有创造需求、引导消费的功能,向社会提供高层次、知识型、高附加值的生产和生活服务。

"现代服务业"这一提法最早出现在1997年9月党的十五大报告中。到2000年中央经济工作会议时,特别提出既要改造和提高传统服务业,又要发展旅游、信息、会计、咨询、法律服务等新兴服务业。也就是说,现代服务业不仅包括新兴服务业,也包括对传统服务业的技术改造和升级。其具体表现为工业化后期大规模发展的新兴服务业和伴随工业化展开而加速发展的新质服务业。

前者如移动通信、网络传媒等信息服务业;后者也称为补充性服务业,如保险、基金等现代金融业,会计、审计等中介服务业,以及其他被新技术、新经营方式改造过的传统服务部门。与传统服务业相比,现代服务业具有"新技术、新模式、新领域、高科技含量、高素质人力资源结构、高附加值"的"三新三高"时代特征。新质服务业则更注重服务于生产力的提质增效。它是随着新质生产力发展的ToB服务业的同一化演进形态,承载着前沿技术向具体产业导入的连接器职能,推动经济产业结构升级,提升产业链现代化水平,实现价值链高端化,直接促进产业经济生产效率的提升。新质服务业是基于前沿新兴技术突破应用形成的,具有场景化、数据化、融合化等特征的新兴服务业态。它通过技术革命性突破、生产要素创新性配置和产业深度转型升级,形成了当代先进生产力,具有很高的价值创造能力,并且能够与其他产业共生共长,形成新的服务范式。

传统服务业的营销理念和经营模式大多是约定俗成、古已有之的。当然,在经济科技飞速发展的今天,传统服务业大多已经或正在经历更新换代。

在当代,现代服务业囊括了大部分已经或正在升级的服务业。只要紧跟时代发展的步伐,能够不断更新发展的服务业行业,都闪烁着现代服务业的身影。可以说,现代服务业就是当代服务业在经济大发展时期的一种特定称谓。也可以这样理解:冠上"现代"二字,说明服务业跟上了新时代新科技经济的发展,拥有光明的前景;如果没有得到这两个字的"庇护",则可能很快被社会经济发展所淘汰。

二、发展县域现代服务业的现实意义

在产业融合日益密切的今天,现代服务业的发达程度已成为衡量经济和社会现代化水平的重要标志。在经济社会发展新时期,积极发展县域现代服务业的战略意义主要体现在以下五个方面。

一是优化产业结构,提升县域经济质量。发展现代服务业是优化产业结构、提升国民经济运行质量、增加地方财政收入、提升县域城市功能的必然要求。现代服务业能够弥补制造业对资源依赖性过大的缺陷,减轻对资源和环境的压力,促进产业结构合理化,形成良性循环,有效缓解经济社会发展中的诸多矛盾,提高经济运行质量。服务业税率普遍高于制造业,发展规模大、竞争力强的服务业是增加地方财政收入的重要途径,为县域经济发展注入强劲动力。县域城市的现代化正处于城乡一体化进程中,这为现代服务业的发展提供了平台和广阔空间。没有现代服务业的城市,只能被称为"古城"甚至"死城"。缺乏现代服务业,县域经济发展不仅缓慢,还会拖累城乡一体化的进程。加快发展现代服务业,有助于提升县域社会经济配套功能,增强城市竞争力和发展活力。

二是缓解就业压力的主渠道。国际经验表明,当制造业发展到一定规模和水平后,随着产业结构升级和技术进步加速,其吸纳就业的能力逐渐下降,服务业将成为吸纳就业的主要渠道。对素质和技术要求较高的现代服务业,能够大量吸纳返乡的大学毕业生。劳动密集型的服务行业,则可以为农村剩余劳动力提供大量就业机会。

三是促进科技进步和制造业发展。现代服务业是促进科技进步和制造业发展的重要动力。服务业是新技术的主要使用者,企业和个人对新技术的广泛应用为发明者提供了丰厚回报,推动新技术的不断发展。服务部门对技术的新需求是现有技术研究和开发的方向,为新技术的发展提供了重要指引。服务业作为新技术的主要推广者,特别是专业技术服务和支持类服务业,能够促进多项技术之间的沟通与融合,推动技术的创新发展。在新质生产力的推动下,新质服务业作为新兴服务业态,具有更高附加值和知识密集型特点，能够有效支持和促进制造业的发展。

四是落实科学发展观，推动和谐社会建设。加快发展现代服务业是落实科学发展观、构建社会主义和谐社会、建设社会主义新农村的必然要求。发展现代服务业有助于优化产业结构，促进经济协调发展，同时提高人民生活水平。现代服务业中许多直接提供消费品和服务的行业，能够显著改善居民生活质量，推动社会进步与和谐。在新农村建设中，经济是基础，服务业作为国民经济的第一大产业，在农业领域同样扮演着重要角色。随着新农村建设的深入推进和现代农业规模的不断扩大，无论是农村服务业自身，还是与“三农”相关的服务业部门，都成为现代农村生活中不可或缺的重要组成部分。

三、昌邑市服务业发展历程概况

以山东省昌邑市现代服务业的发展为例，分析县域经济中如何动态提升辩证认识、发掘自身潜力，加快发展现代服务业。

（一）昌邑市服务业发展背景

20 世纪初，昌邑市的服务业基本处于传统服务业一统天下的局面。2006 年，服务业实现增加值仅为 32.7 亿元，社会消费品零售额为 47 亿元，人均消费 6 936 元，服务业增加值占 GDP 的比重仅为 23%，对 GDP 的贡献率仅为 25%。

（二）政策推动与初步成效

2006 年和 2007 年，山东省委、潍坊市委相继下发《关于进一步促进服务业发展的若干意见》（鲁发[2006]14 号、潍发[2007]6 号），昌邑市在贯彻落实过程中加大了投入力度。2007 年，昌邑市服务业项目增加投资 7 亿元，实现增加值 40.5 亿元。尽管相较 2006 年的 32.7 亿元，增幅并不显著，但到 2009 年，社会消费品零售总额已超过 67 亿元，较 2007 年实现了大幅增长。

（三）服务业重点领域发展分析

昌邑市服务业的发展主要体现在零售餐饮、物流交通、金融房产和居民消费等领域。零售餐饮业随着消费需求的提升，逐渐成为服务业增长的重要动力，带动了社会消费品零售总额的快速增长。物流交通业依托区位优势，昌邑市大力发展物流交通业，为区域经济提供了强有力的支撑。金融房地产业的服务升级，为城市发展和居民生活提供了重要保障。居民消费随着居民收入水平的提高，消费结构不断优化，推动了服务业的多元化发展。

（四）发展启示

昌邑市服务业的发展历程表明政策支持是关键，在国家和地方政策的推动下，昌邑市通过加大投入,逐步实现了服务业的转型升级。并通过聚焦零售餐饮、物流交通、金融房产等关键领域,昌邑市在短期内取得了显著成效。昌邑市充分利用区位优势和资源禀赋,动态调整发展策略,逐步发掘并释放了服务业的发展潜力。

首先,从批发零售和餐饮业看昌邑市服务业发展。

1. 批发零售业与餐饮娱乐业的发展。“十一五”期间,并购潮成为大型零售企业快速扩大销售渠道、抢占市场份额的主要手段,昌邑市的商贸业随之迅速发展。省内大型流通企业通过跨地区连锁经营,满足了消费者对商品质量、种类和便捷性的需求。然而,经营规模小、品种不全、理念落后的商家逐渐被淘汰,不得不改行或联合大商家,通过自愿连锁寻求生存。昌邑市的佳乐家超市、全福元超市、家家悦超市等外部投资连锁企业崭露头角,而本地企业如昌邑利众商厦有限责任公司曾依托“万村千乡市场工程”在城乡范围内开设 279 家农家店,但因涉诉问题最终被吊销。如今,昌邑市中心的中央商务区发展稳定,中国(柳疃)国际棉纺织品批发市场、宏大农副产品批发市场等专业市场提升了服务业整体规模和档次,成为推动产业升级的重要力量。与此同时,随着居民生活水平提高,鲁汇超市、真富超市等生活超市大量涌现,基层社区(乡村)零售业通过与佳乐家超市体系合作,形成了以市区大型超市为龙头、商贸城为依托、农家超市为骨干、乡村集市为基础的商品零售框架。家电零售方面,三联家电、国美家电、海尔家电等通过直营模式减少中间环节,实现了经济效益最大化。餐饮娱乐业也同步繁荣,翰林大酒店、新嘉国际大酒店、如家商旅酒店等高档餐饮项目以及华莱士西式快餐、宜味客中式快餐等特色餐饮的快速发展,推动了行业整体水平的提升。

2. 数据对比与发展现状。2009 年,昌邑市限额以上批发和零售、住宿和餐饮企业达 39 家,限额以上零售额为 8.8 亿元,限额以下零售额为 8.2 亿元,个体经营户零售额高达 48.6 亿元,批发零售和住宿餐饮业在服务业中占比约 30%。尽管限额以上零售额增速较快,但其仅占零售总额的 13%,远低于潍坊市 17%的平均水平,而个体经营户零售额占比达 71%,表明昌邑市批发零售和住宿餐饮业发展较为零散。根据 2023 年昌邑市国民经济和社会发展统计公报,全市服务业增加值为 267.76 亿元,同比增长 6.5%,其中批发和零售业增加值为 94.28 亿元,占比 35%。近十五年来,批发零售和餐饮业在服务业中的比重相对稳定,虽然受时空条件影响在具体结构上有所变化,但其整体格局未发生显著改变。

3. 启示与总结。昌邑市服务业的发展历程表明,政策支持和市场机遇是推动经济增长的关键。通过优化产业结构、聚焦重点领域(如批发零售、餐饮娱乐、专业市场),昌邑市逐步发掘了自身潜力,实现了服务业的动态升级。然而,个体经营户占比过高、限额以上企业规模较小等问题仍需进一步解决。未来,昌邑市应继续发挥区位优势,引入现代化管理理念和技术，推动服务业向规模化、专业化、高端化方向发展，为县域经济注入新的活力。

其次，从昌邑市物流交通方面看服务业发展。

1. 物流行业的快速发展。受益于昌邑市的地理区位优势，物流和交通行业一直保持较快发展。2009 年，全市商业服务业网点多达 1.3 万处，为商业物流的快速发展提供了坚实基础。尽管昌邑利众商厦有限责任公司已被吊销，但其位于昌进路与天水路交叉路口、占地 2.2 万平方米的大型物流配送中心仍在运营。成立于 2020 年的利众物流服务部位于饮马镇杨家楼村，主要从事普通货物运输，四年来在改善仓储环境、提升村镇流通网络水平、保障农家店货源供应方面发挥了重要作用。近年来，昌邑市物流业在新质服务业中表现突出，特别是昌邑传化智慧物流小镇项目，由传化集团投资建设，包含智慧城市配送中心、快递公共分拨配送中心、物流电商公共服务中心等板块，库房高度达 12 米，配备 200 台套物流设备，可为 300 余家物流货主、电商及轻加工企业提供综合服务。作为全市唯一的绿色分拣中心，该项目还承担垃圾分类后的可回收物分拣、打包、销售和资源化利用，日处理量达 50 吨以上，资源化利用率超过 98%，为昌邑市的绿色可持续发展提供了新动能。

2. 交通网络的完善与升级。昌邑市地处潍坊、青岛、烟台三市交界，位于半岛走廊和河海交汇关键位置，同时处于环渤海经济圈、青岛都市圈、胶东经济圈等区域战略叠加地带，区位优势显著。距离潍坊机场 30 公里，到青岛胶东国际机场不到 2 小时车程，到济南遥墙国际机场不到 3 小时车程。昌邑市拥有“八个高速口、两个高铁站”，青银、荣潍、荣乌 3 条高速公路已建成通车，潍青高速、明董高速正在建设，形成了外地下高速到昌邑半小时“通勤圈”。济青高铁、潍莱高铁已通车，潍烟高铁正在建设，昌邑站成为潍莱高铁和潍烟高铁的交轨点，并入京沪二通道，到北京和上海的时间分别缩短至 1.5 小时和 2.5 小时，标志着昌邑正式迈入“高铁时代”。此外，昌邑市还形成了由三高铁、五高速、五国省道构成的“三纵十横”综合交通路网体系，308 国道、309 国道和 221 省道交通繁忙，进一步提升了区域交通效率。

3. 客运与货运的持续增长。昌邑市长途客运和地区客运发展迅速，营业规模与收入持续增长。市民无需前往潍坊换乘，即可在昌邑乘坐直达广州及潍坊地区各县市的客车，尤其是济南、青岛等省内热门线路，发车频率高，覆盖范围广。市域客运线路日益完善，基本实现全市村庄全覆盖。市区公交线路为高中生提供高效出行便利，出租车行业规模不断扩大，每年新增车辆投入运营。截至 2023 年末，全市公路通车里程达 2 451 公里，其中国省道（含高速公路）203 公里，农村公路 2 248 公里。全市营业性机动车辆 5 041 辆，包括货运车辆 4 662 辆和客运车辆 379 辆（含出租车 211 辆）。当年新增货运汽车 548 辆，新增动力 0.41 万吨。全年完成客运量 407.34 万人次，货运量 1 478 万吨，货运周转量 51.7 亿吨公里，旅客周转量 0.2 亿人公里。全市公交车新能源（纯电动）车辆达 218 辆，清洁能源（CNG）车辆 10 辆，城乡公交线总里程 440 公里，进一步推动了绿色交通发展。

第三，从昌邑市金融房产方面看服务业发展。

1. 金融业的快速发展。2009 年，昌邑市金融机构各项贷款本外币余额达 127.68 亿元，是 2005 年不足 10 亿元的 13 倍。金融业的快速发展不仅体现在贷款规模的扩大，还反映在金融机构的多元化上。从无到有成立的 9 家小额贷款担保公司，累计担保贷款 3 亿元；中小企业信用联盟增至 12 个，授信额度达到 7.2 亿元，发放贷款 1.94 亿元。这些举措显著提高了全市的融资水平和效率，在帮助农牧工建企业应对金融危机、保持持续发展的同时，也增强了金融机构自身的盈利能力。

2. 房地产业的稳步增长。房地产业是“十一五”期间昌邑市重要的经济增长点。2009 年，房地产开发投资实际完成超过 16 亿元，施工面积 75.44 万平方米，竣工面积 44.26 万平方米，实际销售额达 9.4 亿元，其中住宅销售额为 8.6 亿元。尽管当时大中城市房产销售出现低迷，昌邑市房地产市场却始终保持稳定。2022 年，文山、城南等 6 个城市更新片区全面启动，城南片区更是获得全省县域城市更新首笔银行贷款。通过组织 3 轮集中征迁，腾出发展空间 300 亩，原汽车站等 3 个片区 1 064 户在 25 天内全部签约，北庄 446 个坟墓在 50 小时内完成签约并在 5 天内搬迁完毕，成功解决了一批存在 10 多年的遗留问题。2023 年，尽管房地产业增加值略有下降至 17.11 亿元，但新小区入住率持续提高，不仅改善了居民生活环境，还推动了城市化进程，扩大了产业规模，增加了财政收入，实现了多重叠加效应。

3. 城市更新与遗留问题的破解。昌邑市在城市更新方面取得了显著成效。2022 年，23 个城建“清零”项目中已有 10 个完成清零，科纸厂宿舍片区完成征迁，公园道一号、潍水东岸、恒鼎新都汇、龙港育秀园等项目的遗留问题依法稳步推进解决。这些举措不仅为城市发展腾出了空间，也提升了城市功能与形象。房地产业的稳健发展，尤其是新小区的高入住率，进一步推动了城市化进程，为昌邑市的经济社会全面发展注入了新动力。

第四，从居民消费产品看服务业发展。

1. 消费需求扩张与结构升级。消费结构的升级带动了需求的不断扩张，促进了服务业的快速发展。2009 年，昌邑市消费需求在总量取得新突破的基础上，居民消费结构升级趋势进一步加快，新一轮耐用消费品市场全面启动。随着“家电下乡”“汽车下乡”等政策的深入实施，家用电器、通信器材、家用轿车等商品销售大幅增长，信息服务业也进一步深化。城乡居民消费结构发生了显著变化，从几千元或几万元的家用电器、手机、摩托车、家用电脑等商品，逐渐转向几万元甚至几十万元的高价值商品，如健身器材、保健器材以及家用适中或豪华型小轿车。与此同时，随着通信费用降低和手机新款不断推出，功能更加完善、科技含量更高的移动通信设备吸引了率先购买的消费群体进入更新换代的新一轮消费周期，市场需求量进一步扩大，城乡居民人均占有率迅速提升。据 2012 年统计数据，昌邑市每百户城镇居民拥有移动通信设备 221 部，手机已从奢侈品转变为居民生活必需品。

2. 节假日消费与服务业的拓宽。随着“节假日”消费的兴起，居民消费热点从实物消费逐渐转向休闲、娱乐服务，进一步拓宽了服务业的发展空间。节假日消费热潮的形成是内外因素共同作用的结果。从内部条件看，居民收入水平和消费能力已提升到一定层次，为消费结构的升级积累了足够的势能，居民不仅需要生活方面的服务，还追求健康和娱乐领域的服务。从外部条件看，国家延长公民假期的决策为居民提供了更多的闲暇时间和消费选择自由。据中国社科院调查数据显示，2009 年居民在节假日期间的活动分布为：52%选择旅游、22%在家消费、14%参与娱乐活动、12%进行健康休整。可见，节假日消费的兴起使旅游成为居民最集中的消费选择，同时也带动了交通运输业、住宿餐饮业等相关服务领域的蓬勃发展。

3. 服务业发展的综合影响。消费结构的升级和节假日消费的热潮对服务业的整体发展产生了深远影响。高价值商品的普及以及移动通信设备的更新换代，推动了相关产业链的延伸和升级，促进了信息服务业、交通运输业等领域的快速发展。此外，节假日消费的兴起不仅满足了居民对健康、娱乐的需求，还进一步刺激了旅游、餐饮、住宿等服务行业的增长。这一系列变化不仅提升了居民的生活质量，也为昌邑市服务业注入了新的活力，推动了区域经济的多元化发展。

第五，社会服务方面日趋完善成熟，科教文卫全面发展。

1. 科研、教育与文化领域的进展。2022 年，昌邑市在科研、教育和文化领域取得了显著进展。在科研方面，总投资 1 069 亿元的 183 个市级重大重点项目扎实推进，超额完成年度投资计划，其中 18 个项目入选省级重点项目，17 个项目入选潍坊市级重点项目。新增高新技术企业 1 家，开发高新技术产品 45 种。在教育领域，职业教育资源进一步整合，将 8 处职业学校合并组建市职业教育中心，投资 4 亿元的一中新校和 1.2 亿元的文山中学扩建工程进展顺利。在文化领域，投资 10.2 亿元的文化中心、广电中心、新华文博传媒中心、潍河商业文化休闲区等大型文化项目正在建设中，为城市文化发展注入了新活力。

2. 卫生、休闲与社区建设的提升。昌邑市在卫生、休闲与社区建设方面也取得了显著成效。市区 6 家医院进行整合,组建新的市人民医院,并投资 1.1 亿元进行扩建,饮马卫生院、计生服务中心等工程进展顺利,新农合参合率达到 100%。在休闲场所建设方面,潍河生态风光绿化带成为集旅游观光、休闲娱乐为一体的人文景区,潍水风清湿地公园被评为国家 AAA 级旅游景区,流青园被授予“全国农业旅游示范点”,极大丰富了市民的业余文化生活。同时,各居民小区的配套服务设施和从业人员水平不断提升,进一步提升了居民的生活质量。

3. 服务业发展与新质服务业的挑战。尽管昌邑市服务业发展迅速,但仍以传统服务业为基础,现代服务业的提升空间较大。根据 2023 年昌邑市国民经济和社会发展统计公报数据,全年服务业实现增加值 267.76 亿元,同比增长 6.5%,主要集中在批发零售、房地产、旅游交通运输、住宿餐饮、金融业和租赁服务等行业。然而,依托新技术和生产要素创新性配置的新质服务业仍相对不足。以信息传输、软件和信息技术服务业为例, 2023 年昌邑市该行业增加值虽增长 8.0%,但仅为 6.33 亿元,与潍坊市 15.2% 的增长率相比仍有明显差距。这表明昌邑市在推动新质服务业发展、优化产业结构方面仍需进一步努力。

四、现代县域服务业发展存在的问题

近年来,县域服务业发展迅速,取得了显著成绩。然而,与一些发达地区相比,许多县市的服务业仍以传统服务业为主,不仅缺乏高科技含量的新兴服务业,对传统服务业的现代化改造水平也较低。县域现代服务业的发展主要暴露出以下几个方面问题:

首先,对发展服务业的认识不足。尽管“需要大力发展现代服务业”已成为共识,但对“发展哪些服务业”和“如何发展”仍缺乏统一的认识,重制造轻服务的观念依然普遍存在。同时,行政审批现代化滞后,服务意识不强。一些县市不仅缺乏集审批、检查、税务、协助于一体的行政服务中心,甚至在服务业聚集区和经济开发区也没有综合审批服务大厅。此外,部分县市行政服务从业人员的服务意识薄弱,效率较低,影响了现代服务企业的落户和发展。品牌意识的缺乏也是突出问题。改革开放初期,对品牌建设重视不足,与工业相比,服务业的品牌意识尤为薄弱。工业产品的质量与品牌密切相关,质量是品牌创建的基础和保障,因此品牌建设相对顺利。然而,服务业与工业不同,服务观念的转变需要时间,服务质量的提升也难以在短期内得到广泛认可。此外,同类产业还面临先进地区和周边县市优势产业的竞争压力。

其次,总体规划的不足。县域服务业的总体规划存在明显缺陷。改革开放以来,服务业主要以商业为主并取得了一定发展,但未能进一步拓展壮大。当时的经济工作以工业生产为中心,服务业被视为工业的附庸,各类规划都围绕工业生产展开,现代服务业未得到足够重视。规划的不足主要体现在两个方面：

（1）经济发展规划：早期过度关注工业生产，忽视了现代服务业与工业之间的协作关系，导致服务业发展规划和内部结构规划严重缺失。

（2）县域建设规划：在县域城区规划建设中，多侧重于工业用地和职工居住环境，未重视规划专门的现代服务业场所或特色聚集区。许多物流市场等现代服务企业聚集区往往是自发形成的，缺乏系统规划。

在农村地区，规划重点更偏向第一产业，服务业的发展基本停留在零售业层面。除了种植业科技推广外，第一产业与第三产业之间几乎没有交集，规划严重缺乏。乡民对服务业的需求认识模糊，既不了解自身在服务业方面的需求缺陷，也不懂得主动追求现代服务业所能提供的高效服务。基层乡村服务业的发展空间广阔，但潜力尚未被充分挖掘。

第三，改进方向与未来发展。为促进县域现代服务业高质量发展，需从以下四个方面着手。

（1）转变观念，明确现代服务业的战略地位，摒弃重制造轻服务的思维。

（2）提升行政审批现代化水平，增强服务意识，为现代服务企业的发展创造良好环境。

（3）制定科学合理的总体规划，将现代服务业纳入经济发展和县域建设的核心部分，预留专门的发展空间。

（4）加大对基层乡村服务业的规划与支持，推动第一产业与第三产业的深度融合，引导乡民认识和追求现代服务业的高效服务。

通过以上措施，县域现代服务业有望实现高质量发展，为区域经济注入新动能。

第四是错失发展机遇。产业之间的融合并非新世纪的产物，伴随着工业化社会的到来，这种融合已愈发紧密。工业生产不仅推动了传统商业的发展，也为新兴服务业的产生提供了前提。然而，现代服务业却错失了工业发展的第一机遇期，这一现象在以下服务业领域尤为突出。

（1）现代物流：在工业生产快速发展的同时，现代物流特别是面向生产的货运物流未能与工业生产有效结合。许多制造业企业选择自行组建车队负责货物运输，导致现代物流不仅未能成为工业发展的助力，反而增加了生产成本，成为制约经济发展的因素。

（2）商务信息服务：在工业化的背景下，许多县市未能将商务信息服务发展成一大产业，反而因信息不畅导致大量工业企业在市场竞争中失利，进一步加剧了现代物流的困境。

（3）科教文卫：改革开放以来，职业教育和技术教育虽然在规模和数量上持续发展,但未能抓住工业企业快速发展的机遇与企业“联姻”。企业在花费大量资源对新员工进行技术培训的同时,专业技术学校的毕业生却因技能不足而面临就业困难的尴尬局面。

(4)“三农”服务领域:无论是农业现代化对高科技服务的需求,还是农民日常消费及农村环保和发展改造的广泛需求,都亟需现代服务业的支持。然而,现实中不仅未能与现代服务业深度融合,反而因投入不足而出现背离现象,错失了重要的发展机遇。

第五是智力支撑不足。在现代社会,经济发展越来越依赖于知识,现代服务业尤其如此。改革开放以来,县域服务业的成就主要依赖于传统商业,不仅餐饮娱乐等传统产业的现代化水平不高,高知识、高科技的新兴服务业更是微乎其微。这一问题的根源在于智力支撑的不足,主要体现在两个方面。

(1)人才缺乏:现代服务业,特别是高层次经营管理人才、科技服务人才和市场开发人才严重不足。长期以来,县域经济以工业为中心,在人才引进上倾向于工业产品开发和技术人才,忽视了服务人才的吸收和培养,这极大制约了服务业特别是新兴服务业的发展。

(2)科研投入不足:社会特别是政府对现代服务业的科研投入严重不足,既缺乏专业的现代服务业科研机构,也鲜有高层次专家参与相关课题研究或学术交流,导致现代服务业在技术创新和理论突破方面进展缓慢。

五、加快县域现代服务业发展的对策措施

首先要提高专业性认识。促进现代服务业的良性循环要通过发展各类现代服务产业刺激和吸引消费需求,以需求拉动产业发展,从而为现代服务业注入蓬勃生机,形成产业发展的良性循环。在教育宣传方面,不能仅仅停留于表面,避免流于形式。通过组织到发达地区和先进企业进行参观考察与学习,结合实际案例进行深入总结,才能真正升华对现代服务业的认识。在具体工作实践中,应组织领导干部、服务业相关部门及企业代表深入学习现代服务业的相关知识,详细分析服务业发达地区的成功经验,并结合本地实际发掘发展现代服务业的意义,进一步强化对现代服务业的认识。同时,积极宣传本地县域内的服务业特色和亮点,提升社会对服务业的关注度和认同感。在考察总结过程中,要将所学内容深度消化吸收,紧密结合本地实际,注重引进先进示范项目。通过招商引资吸引先进的现代服务企业落户本地,以成功案例为示范,取长补短。在促进本地企业发展和开拓本地市场的同时,从学习模仿逐步走向自主创新,推动现代服务业的全面成长。

其次是科学规划。在经济社会发展中,规划起着决定性作用。规划的科学性不仅

影响发展动力，还关系到发展的质量和前景，最终决定发展成败，对于内部行业门类繁多的现代服务业更是如此。

在经济整体规划中，应遵循“前瞻性”和“统筹协调”的原则，充分考虑服务业各产业的发展情况，对有前景、有必要的产业确立目标、突出重点，并做好科学论证。同时，借鉴先进地区的经验教训，为未来发展奠定基础。对低水平重复建设，应通过政策措施加以限制。根据经济发展需求，协调现代服务业与第一、第二产业以及传统服务业的布局，避免因短期利益而损害长远发展。

在区域建设规划中，应遵循“因地制宜”“统分结合”和“优势互补”的原则。根据区域特色，预留或建设适合现代服务产业发展的区域。根据地区特点和产业特色，合理规划现代服务业的发展区域，宜集中经营的集中布局，宜分散经营的则分散于居民区或旅游区等。在现代服务业聚集区引入相关或互补产业，形成产业集群效应。

在专题规划中，注重优化各行业内部的结构与布局。坚持新旧搭配、强弱搭配的原则，突出优势，以优胜劣汰的压力推动行业升级。立足现有基础，抓住关键环节，发挥自身优势，形成特色产业，打造地区品牌和知名企业。一个地区品牌不仅能创造无限价值，还能最大限度吸引周边市场。重视农村服务业发展，提升基层服务水平。全方位提高农村服务业发展水平，既满足乡村居民的服务需求，又提高群众收入。促进农村服务业发展，需要改进以下四个方面。

（1）基础服务设施：加快农村基层服务体系建设，围绕提升农民生活质量，发展生活服务业。推动农村饮水安全工程、户户通硬化路工程，改善农村饮水安全和交通条件。

（2）环境卫生：建立农村环境卫生服务队伍，发展绿色生态资源，改善“脏、乱、差”面貌。

（3）现代通信：在巩固农村电网改造成果的基础上，大力发展现代化通信事业。

（4）生活设施：在有条件的乡村试点推广居民集中供气、供暖。

关于农村教育与文化事业发展，需要注意以下三个方面。

（1）基础教育：贯彻均衡化方针，保障教育经费投入，按照“整合资源、就近入学”原则，合理建设义务教育学校和寄宿校区。

（2）学前教育：通过招商引资建设便民利民的标准化幼儿园。

（3）文化体育：发展符合农村特点的文化产业，提升文化层次，扶持农民职业教育，引导农村青年科教兴农和自主创业。建设标准文化室，满足群众身心发展需求。

在农村医疗卫生与养老事业方面，需推进新型农村合作医疗和农村医疗救助，发展基层康养医院，加强疾病预防、妇幼保健和特困家庭救助，并积极发展农村养老服务，完善社会保障体系。

围绕农村资源，大力发展旅游服务业，可在以下三个方面加大力度，其中包括以绿色生态和乡村文化为主题，开发多样化、个性化的旅游产品和商品；加快观光旅游向休闲度假旅游转变，利用独特山水资源、生态环境、历史古迹和文化底蕴，打造休闲度假胜地；扶持传统文化名村、文化大院等文化旅游项目。

涉及农业生产性服务业，应结合农村水利体制改革，发展农业生产性服务业，提升农村水利服务水平。加大对农民专业合作社的扶持，拓展集生产技术服务、生产资料供应、产品销售于一体的农业产业链。发展农业、畜牧兽医、农机、林业等专业技术服务组织。

在农村金融与保险服务方面，应加快金融制度和产品在"三农"领域的创新发展，健全金融服务中介机构体系。开发农业保险类产品，为农村经济发展提供保障。

第三是把握机遇。在竞争激烈的现代经济环境中，把握机遇的能力是服务产业得以发展壮大的关键。现代经济呈现大融合趋势，现代服务业往往与制造业紧密相连，在很大程度上一、二产业及其内部各大门类之间充当联络者和服务者的角色，蕴藏着广阔的发展空间和诸多机遇。许多传统制造业已逐步转型为现代生产性服务业，即从"生产产品后寻找市场需求"转变为"依托生产工艺为市场需求提供产品"。要把握这一机遇，需从以下两方面着手。

一方面是深入把握本地经济发展脉络，其中重点在两个方面。

(1)关注产业升级：密切追踪社会经济的细微变化，尤其是各产业的升级趋势。在产业分离与整合中突出重点，合理规划服务业与制造业的关系，宜统则统、宜分则分，推动传统制造业向生产性服务业转型。

(2)提升经济效率：通过制造业升级降低生产成本、提高生产效率，从而提升整体经济发展质量。

另一方面是学习借鉴先进地区经验，其中重点在两个方面。

(1)考察与学习：密切关注先进地区服务产业的发展动态，加强对这些地区的考察学习。不仅学习其先进经验，更要站在更高的起点上观察和思考问题，加快吸收先进的经营方式和管理理念。

(2)创新与升级：提升现代服务业的创新能力和升级水平，积极发现并借鉴先进地区孕育中的前景产业，尤其是新兴服务业。争取抢占先机，结合自身优势开发特色服务产业，甚至创造属于自己的行业标准，实现"弯道超车"，推动服务业的跨越式发展。

最后是人才支撑。人才是现代服务业发展的核心支撑，具有不可替代的作用。在推进现代服务业人才工作时，应遵循"全面引入"与"引进与培养相结合"的原则，既要注重从外部引进各领域人才，特别是新兴服务产业的高端人才，又要重视培养本地高层次服务人才，提升从业人员的整体素质。具体措施包括：增加对现代服务业的科研投入，建立现代服务业科研机构，培养科研人才；积极引进高层次的现代经营管理人才和科技服务人才，引领传统服务业的现代化改造；适时聘请高层次专家，为县域现代服务业发展提供战略建议和智力支持。在推动县域基层现代服务业发展中，需特别重视基础教育，为人才储备奠定坚实基础。

在县域基层现代服务业的发展中，乡村教育的高质量发展是人才支撑的基础性保障，具有不可忽视的重要性。其中，教育数字化建设是落实数字中国战略的核心内容，也是推动教育现代化的重要实践抓手。教育数字化作为数字化社会的重要组成部分，必须始终走在时代前列，以引领教育变革与创新。

自十九大提出乡村振兴战略以来，乡村教育成为"乡风文明"的重要组成部分。党的二十大报告进一步强调推进教育数字化建设，为乡村教育振兴提供了政策支持。教育数字化不仅是乡村教育的重要内容，更是其基础性、保障性和助力性的关键环节。当前，乡村教育面临着业态不一致、发展不平衡、表现多样化以及普遍滞后等突出问题。针对这些问题，教育数字化建设成为助力乡村教育振兴的现代化主渠道。它通过信息化手段整合教育资源，提升教育质量，缩小城乡教育差距，为乡村教育的可持续发展提供强大动力。教育是一项系统化的社会工程，而教育信息化则是其中不可或缺的一环。自 2018 年教育部发布《教育数字化 2.0 行动计划》以来，教育数字化在理论内涵、实践意义、基础建设和创新发展等方面均展现出丰富的多元性。这表明，教育数字化不仅是一种技术手段，更是一种全新的教育生态，需要在点面结合中不断深化和拓展。

教育数字化广义上是一个涵盖所有教育领域的动态发展过程，其核心在于利用现代信息技术推动教育的可持续发展。这既包括社会层面的指导思想、教育模式、理论结构、教学方法与学习理念的系统化变革，也涉及教学一线的理论研究、科研改革、制度建设和管理工作的具体化实践。通过将社会发展的数字化融入教育链条的各个环节，教育数字化旨在提升教育水平，实现教育事业与社会现代化的协同发展。狭义上，教育数字化特指一线教学的数字化，即以现代信息技术改造和优化教学实践。其核心在于实现教学的科技化升级和现代化创新，强调教育传播渠道的数字化发展，并运用现代科技手段革新传统教学方法。例如，引入计算机等现代化设备，推动大数据共享，普及网络通信技术，广泛采用多媒体教学渠道。

从纵向看，教育数字化是一个随信息技术发展而不断演进的过程。

（1）立足传统，批判继承：其基础是传统教育模式，但通过批判性继承实现创新发展。

（2）依托技术，破旧立新：随着现代信息技术条件的改善，不断突破旧有框架，建立新体系。

（3）阶段提升，实践总结：具有阶段性特征，通过理论引导和实践总结持续提升。

从横向看,教育数字化是一个随信息技术发展而不断扩展的过程。

(1)交流探索:通过持续交流,开拓教育数字化的新空间。

(2)开放吸收:通过扩大开放,提升教育数字化的技术水平。

(3)业内共享:通过积极共享,延展教育数字化的普及范围。

教育数字化的核心在于通过运用各种现代化的信息技术手段,积极融入教育实践领域的各个方面,从而推动教育事业和教学工作的改革发展。这一过程在现实生活中的表现,即形成可持续发展的数字化教育模式。教育数字化助力乡村教育主要体现在以下五大优势:①数字化优势,数字化基于国家统一标准,为教学活动中信息技术的应用提供了标准化的环境,这不仅简化了硬件设备的操作,还为教学标准的实施提供了可靠保障。②网络化优势,网络化以其普遍联系性,充分发挥了沟通便捷性的特点,这使得教育资源能够广泛共享,减少了教学实践的时空限制,促进了师资间、师生间以及学生间的交流。③智能化优势,智能化的核心在于辅助人工操作,使教学设备的使用更加人性化和便利化,同时,它优化了信息通讯效率,尤其在处理复杂烦琐的教育信息时,能够显著提升人工操作的效率。④自动化优势,自动化的显著特点是能够在既定条件下代替人力完成操作,这不仅解决了人工操作中的阻滞难题,还在教育力量不足的情况下提供了有效补充。⑤多媒体化优势,多媒体化将各类信息技术设备与多媒体工具整合到教育体系中,形成一体化的系统配置。这使得在面对多元化信息和多样化表象的教学活动时,师生能够更直观地进行操作与信息接收。

随着乡村振兴战略的深入推进,基层乡村教育虽有所发展,但与城市教育及高层次教育相比,仍存在显著差距。乡村教育发展缓慢的原因是多方面的,但其自身存在的阻滞点是根本问题所在。

1. 乡村教育客观发展的难点

(1)基础设施不足:一些经济社会发展水平较低的地区,在建设现代化校舍及改造既有校舍方面能力有限,成为教育发展的基础性障碍。

(2)教学设施匮乏:受经济条件和师生规模的限制,许多乡村学校既无力购买现代化教学设备,也缺乏需求进行设备更新与升级。

(3)自然条件限制:一些偏远山区或气候条件复杂的地区,难以按照政策要求开展教学工作,也无法制定规律性安排,导致教学进度不稳定。

2. 乡村教育主观发展的门槛

(1)认识不足:部分地区对乡村教育的重要性认识不够,只注重硬件建设而忽视软件建设,缺乏师资培训与师生互动。

(2)观念落后:部分乡村教师观念被动,仅机械落实上级政策,忽视实践效果,导致学生学业水平难以提升。

（3）方法不当：部分教师虽主动开展工作，但脱离学生实际，未能达到预期教学效果。

3. 乡村教育制度建设的障碍

（1）规划脱离实际：一些地区在落实国家教育规划时，未能结合自身实际，缺乏具体可行的发展规划。

（2）认识与实践脱节：虽然严格落实国家总体规划，但在实践中未与基层现实有效结合，缺乏详细思路。

（3）执行方法不足：在落实过程中，缺乏明确的目标任务与可持续的操作规划，导致成效有限。

4. 乡村教育发展的能动力薄弱

（1）主观能动性缺乏：社会层面对乡村教育重视不足，影响了其振兴发展的主体观念。

（2）进取动力不足：无论是社会群众还是教师队伍，普遍缺乏积极进取的信心与动力。

（3）研究与实践不足：在教育理论指导、教学方法探索及设备研究方面，缺乏主动性，未能实现教学相长。

通过对教育数字化助力乡村教育的辩证思考，可以发现，教育数字化的发展主要依靠数字化技术的优势，同时需坚持辩证唯物主义原则，通过教学过程中的方法探索，推动乡村教育的快速与可持续发展。具体可以从以下六个方面展开。

1. 立足客观需求开展教育数字化建设。唯物主义本体论强调客观决定主观，因此，教育数字化的建设必须基于乡村教育的客观需求。乡村教育存在的问题是由客观条件决定的，解决这些问题需要从实践出发，分析总结其需求。通过教育数字化，可以避开教学实践中的难点，打通发展路径。然而，需避免主观主义，始终坚持从实际出发，确保工作思路符合乡村教育的实际情况。

2. 充分调动教育数字化实践的积极性。教育数字化并非自动实现其助力作用，必须充分调动其实践积极性。首先，需明确科学的主观指导思想，坚持实践第一的原则，探索助力乡村教育发展的规律性认识。其次，要正确处理实践与认识的关系，避免盲目主观或消极被动，坚持科学的客观主动性，确保发展的高效性。

3. 发挥联系的原则。唯物主义辩证法中，联系是基本原则。乡村教育作为教育系统的有机组成部分，其发展与整体教育进步密不可分。教育数字化的数字化、网络化、智能化、自动化和多媒体化优势，是提升乡村教育的有力支撑。通过结合联系原则的客观性、普遍性、特殊性和多样性特征，教育数字化可以在统一的共享平台上推动乡村教育发展，避开校舍、设备和环境等难点，实现师资培训与信息交流的便利化与多样化。

4. 坚持矛盾的原则。矛盾是唯物主义辩证法的核心，揭示了事物发展的动力。乡村教育与其他教育形式之间，以及乡村教育内部，都存在着既对立又统一的矛盾关系。解决这些问题需要坚持两点论与重点论相结合的方法。通过数字化的五大优势，清晰分析乡村教育内部的矛盾关系，并坚持重点论，在实践中确保正确方向，取得高效进展。

5. 秉承发展的原则。发展的本质是由低级到高级的变化过程，是量变与质变的统一。乡村教育的发展同样遵循这一规律。通过教育数字化的五大优势，持续提升乡村教育的能动性，在量变积累中实现质变，推动跨越式发展。同时，需认识到这一过程的曲折性，充分利用数字化技术应对难点，实现新突破。

6. 锚定批判的原则。批判的原则体现为否定之否定的逻辑关系，即在打破旧有认识的基础上实现创新。教育数字化通过其技术优势，针对乡村教育的主客观阻滞因素，提出新时代的信息化解决方案，打破旧有障碍，加快乡村教育发展步伐。教育数字化通过统一平台共享资源，在降低教育投入的同时提升质量，是推动乡村教育振兴的科学途径，值得及时推广

时代的进步和旺盛的需求呼唤现代服务业加速发展，在辩证认识基础上发掘现代服务的潜力增长点并积极加以开发利用。在曲折的发展道路上现实弯道超车并非空谈，机遇千载难逢，发展时不我待，正如著名哲学家培根所言“机会总是留给有准备的人”，抢抓机遇，创新实践，积极推进县域现代服务业的拓展增长，促进县域经济发展！

第四章　顺势而为篇：县域基层林业科技推广发展的辩证思考

林业作为培育、保护、经营森林资源的基础性产业和社会公益事业，在发挥森林多种效益、促进人口、经济、社会和资源协调发展方面具有重要意义。它不仅为人们的生产生活提供木材及其他林产品，是国民经济的重要部门，同时也是为社会生产提供生态产品的核心部门。随着国家对生态安全重视程度的不断提升，林业的良好发展已成为影响国民经济和社会生活的重要基础要素。林木因其自然特性在保护生态环境、维护生态平衡中发挥着不可替代的作用，不仅助力人民群众物质文化生活水平的提高，还为社会稳定和经济发展提供了重要支撑。与此同时，林业科学发展所带来的经济效益日益显著，整个林业生态产业链上的潜在发展节点，为林业生态经济提供了广阔的发展空间。

早在 2005 年 8 月，时任浙江省委书记的习近平同志在浙江湖州安吉考察时提出了"绿水青山就是金山银山"的重要理念。一方面，林业物种的多样性和生态特性使其具备净化土壤、空气和水体的功能；另一方面，森林资源作为庞大而复杂的生态整合体，在维持自身发展的过程中吸收二氧化碳并释放氧气，对维护自然环境的平衡起到了关键作用。面对当前生态环境恶化的威胁，人们逐渐认识到加快林业发展对加强生态环境保护的紧迫性，而国家也将林业生态发展的重点聚焦于县域基层的林业科技推广，其重要性在当代林业产业发展中日益凸显。在此背景下，作为推动林业发展关键环节的林业科技推广工作，在县域基层展现出强烈的现实需求和潜在的经济效益。有效开展林业科技推广工作，不仅能促进生态文明的进步和经济社会的发展，还能为人民群众和政府带来可观且持续的经济收益。

一、林业科技推广的必要性

林业科技推广是通过运用林业自然科学与社会科学原理，以多种方式和途径，将最新的林业发展信息、认识理论、科学技术、生产技能及经营理念传授给广大林业生产者和经营者，从而提升其素质、改进生产经营模式、提高林业发展水平与生产效率，促进林业科学、持续发展的专门化活动。作为一项立足长远、具有全局性和战略性的社会工作,林业科技推广旨在将林业潜在生产力转化为现实生产力,不断提升林业的经济社会效益,直接决定了林业发展的质量与动力。

然而,与其他国民经济部门的科技推广工作相比,林业科技推广显著滞后,无论是在重视程度、政策支持还是宣传力度等方面都处于弱势。当前,我国林业科技推广的政策与体系尚不健全,相关部门对其重视不足,制度建设滞后,导致推广工作难以有效开展。这使得国家林业宏观政策与基层生产实践脱节,难以在实际生产中落实。此外,许多林业科技推广机构的考评机制过于注重科研成果等级和论文数量,却缺乏对推广方法、技巧、范围及效果的具体和硬性管理制度。这模糊了林业科研与科技推广的界限,使林业科技推广沦为林业科研的附属,未能充分发挥其应有的作用。

当代我国林业科技推广体系主要以国家兴办的县级林业科技推广中心和乡镇林业站为主。这些基层机构政府色彩浓厚,既缺乏面向生产一线的办公设施设备,也缺乏主动服务意识,导致林业科技推广在产业链中未能充分发挥其应有作用。此外,现有林业科技推广人员的专业化水平参差不齐,工作技巧差异较大,业务素质难以适应林业市场经济发展的需求。当前林业科技推广存在诸多问题,主要原因在于对林业科技推广的认识不足,缺乏科学的指导思想和正确的思维方法。尽管近年来国内对林业科技推广问题的理论探讨与分析不断增多,但从哲学层面对其进行深度剖析的研究仍然匮乏。因此,加强对林业科技推广哲学思想的研究具有重要意义。

林业科技推广是一个动态、双向且辐射面不断扩大的工作过程。对县域林业科技推广哲学思想的研究,不仅能够从微观上指导具体问题,更能从宏观上深化整体认识;不仅有助于准确分析具体细节,更能深刻把握推广的每个阶段;不仅可为科研成果向现实生产力的转化提供方向与方法,更能挖掘林业发展的现实需求与制约因素;不仅有助于梳理林业科技推广的发展规律,更能站在人类文明的高度,统筹其与经济社会的协调发展。

在科学的林业科技推广哲学思想指导下,相关宣传工作将更具针对性,科研与生产经营管理的衔接将更加科学与顺畅,科研实验也将更为细致与精确。同时,林业科技推广与关联部门的联系将更加紧密,其短期与长期、直接与间接的经济效益和社会效益也将得到有效统筹。

在经济社会发展进入新阶段的背景下,特别是市场机制在林业科技推广中的作用日益增强,以辩证唯物主义基本原理对县域林业科技推广进行深入研究,构建一套适用于当地的哲学思想体系,是促进林业可持续发展和为经济社会提供物质与生态保障的客观需要。这不仅将推动当地林业科技推广工作的科学发展,还将实现林业经济社会效益的最大化。

二、林业科技推广的客观性

(一)林业科技推广任务的客观性

林业科技推广的工作任务体现了其客观性。通过调查研究总结历史经验,在以往推广实践的基础上揭示其发展的客观规律,并遵循和利用这些规律推动林业科技推广工作的科学开展,是推广工作的核心任务之一。具体包括:通过教育培训,提高林业生产者的知识与技能,使其掌握与科技推广相关的方针、政策、法规,将先进林业科学技术和新技术迅速转化为直接生产力;通过实验、示范和技术服务等具体客观活动,传递科学思想与先进技术,充分发挥意识对物质的反作用,推动林业科技推广工作的高效开展。林业科技推广的现实问题进一步凸显了其客观性。

1. 技术手段的革新:信息技术和现代设备的应用推动了林业科技推广手段的变革,体现了客观物质条件对推广工作的决定性影响。

2. 结构调整的必然:产业化发展、生产与科研的紧密结合以及规模效益的提升,反映了生产力水平对林业科技推广结构的决定性作用。

3. 政策重视的程度:林业生产在国家生产力中的比重直接影响对林业科技推广的重视程度。

4. 物质基础的重要性:经费短缺对林业科技推广的负面作用,凸显了客观物质基础的关键性。

5. 制度建设的滞后:相关制度与体系建设的不足,说明了总结并利用客观规律对推广工作的重要性。

由此可见,客观条件直接决定了人们对林业科技推广的认识,现实条件则决定了各项工作的具体开展。因此,在研究与实践林业科技推广时,既要立足现有客观条件,又要充分利用这些条件,确保推广工作的有效性与科学性。

(二)林业科技推广研究的制约性

首先,地理区位特点对林业科技推广的制约。以山东昌邑市为例,其林业科技发展取得的成就并非一蹴而就,“昌邑市绿博园”这一品牌的成功正是科研发展的结果。沿海地区的自然特征,如海风、海潮、海侵等,对林业科技推广工作提出了特殊要求。

1. 作物的选择与改良:在作物选择和改良过程中,需充分考虑沿海自然特征,确保林业经济的稳定发展。

2. 防海与用海的结合:将防海与用海作为推广工作的重点,挖掘潜在生产力增长点,推动林业经济的新发展。

其次,水土资源特点对林业科技推广的制约。昌邑市水土资源分布不均,对林业科技推广工作提出了挑战。

1. 作物规划与布局：在作物计划与布局上，需充分考虑南北水土分布不平衡的自然特征。

2. 劣势转优势：将水土分布不均的劣势转化为精细化发展的优势，寻找林业发展的新突破口。

再次，气候特征对林业科技推广的制约。昌邑市属温带半湿润季风区大陆性气候，其气候特征对林业科技推广工作有着重要影响。

1. 自然条件的限制：在推广工作中需充分考虑日照、雨水、温度、风霜等气候条件的制约。

2. 作物改良与创新：根据四季气候变化趋势，在改良本地作物的同时，不断探索引入适合本地生长的新作物，实现林业经济的可持续发展。

最后，经济社会发展水平对林业科技推广的制约。作为山东半岛腹地的县域，昌邑市长期以来社会经济发展水平滞后于青岛、烟台及潍坊等地。近年来，依托本地林业基础，以苗木花卉为突破口，昌邑市逐渐成为半岛林业经济的亮点，其中林业科技推广的贡献尤为关键。

（三）林业科技推广工作的地域性

首先，最大限度利用地域条件。自然条件虽制约林业科技推广，但同时也为其提供了特定空间。以昌邑市为例，潍河自南向北纵贯全境，使得不同土壤结构的地区均不缺乏水资源。这为依赖水资源保障的林业科技推广项目提供了探索土壤结构高效利用的机会，从而最大化推广效率。然而，南部淡水与北部盐碱的地域特征要求选择不同的经济林发展项目。因此，林业科技推广既要适应客观自然环境，也要充分利用现有环境资源，以实现最大的经济社会效益。

其次，充分利用经济社会条件。尽管生产力水平决定林业科技推广水平，但生产力差距也意味着经济发展存在较大空间，这为林业科技推广提供了发展潜力。林业经济发展的不平衡性也为选择性发展优势项目、提高效益创造了条件。通过充分利用本地的经济社会条件，林业科技推广可以更有针对性地推动高效益项目的发展。

最后，积极探索发展规律与潜在条件。在充分利用本地自然条件、经济社会条件和林业发展条件的同时，林业科技推广应积极探索其发展规律，发掘潜在条件。例如，通过研究不同地区的土壤、水资源和气候特征，找到适合特定区域的高效推广模式；通过分析社会经济现状，制定符合当地实际的推广策略，从而实现林业科技推广的可持续发展和效益最大化。

（四）林业科技推广的实践性

第一，林业科技推广认识的形成。

林业科技推广的各种思想认识源于社会实践。任何社会实践活动都发生在特定的社会环境中，林业科技推广实践也不例外，它基于特定的社会经济基础展开。相关认识直接来源于特定经济社会发展背景下的林业生产实践，尤其是生产实践中对林业科技推广的现实需求。以昌邑市苗木产业发展为例，其对林业科技推广信息工作重要性的认识，正是源于苗木业对信息交流的现实需求。需明确的是，并非人们的认识不同导致了生产力水平或现实需求的差异，而是生产实践中的需求推动了认识的产生。

在生产力水平较低、构成要素简单的农耕社会，生产工具将劳动者与劳动对象简单联系，林业科技推广被粗浅地理解为林业生产技术的传递，旨在获取更高的经济效益。而在现代社会，生产实践方式多样化、复杂化，不同背景下的林业生产实践产生了多样化的需求，人们对林业科技推广的认识也随之不同，但目标是一致的——通过林业科技推广实现更高的经济社会效益。

总之，在动态化的实践过程中，林业科技推广的认识不断积累和总结，最终形成一套将潜在生产力转化为现实生产力的完整认识体系，以满足林业生产发展的需求。

第二，林业科技推广在实践中检验认识。

1. 林业科技推广认识在实践中检验：林业科技推广中形成的各种认识是对具体社会实践的初步表达，其是否能够正确反映客观实际，需要通过实践检验。只有经实践验证的科学认识才能有效指导林业科技推广的具体实践，提高推广实效性，推动林业生产发展，将潜在生产力转化为现实生产力。这一过程是在特定经济社会环境中，针对林业发展的某一需求，通过不断解决问题、总结经验，最终满足需求的过程。以昌邑市苗木产业发展为例，其将信息沟通作为理顺市场秩序的重点，通过电话、网络等实践手段验证了信息工作的有效性。“黄金槐”的成功营销以及北京奥运会“彩叶工程”的成功实施，都凸显了信息工作在林业科技推广中的重要性。

2. 实践检验与认识发展的动态循环：林业科技推广的经验积累到一定程度会形成新的观点和方法，但这些新观点方法只有通过不断的实践检验才能逐步完善。在具体实践中，检验新想法、新观点的过程也是积累条件、满足需求的过程。例如，在林业科技推广工作中，通过调查研究总结历史经验并用于指导实践，将先进的林业科技成果迅速转化为直接生产力，正是以正确认识指导实践的具体体现。

3. 工作任务中的实践与认识互动：林业科技推广的具体工作任务是将实践检验认识、由认识指导实践的过程具体化。无论是总结历史经验还是推广新技术，其核心都在于通过实践验证认识的正确性，并以正确的认识指导后续实践，从而实现林业生产的高效发展。

第三,在深化认识中把握林业科技推广规律。

1. 林业科技推广认识的动态深化:林业科技推广是在特定社会经济基础和经济社会发展背景下的社会实践,其各种认识因具体条件的差异而有所不同。随着林业生产的发展,林业科技推广不断进步,对其认识也是一个不断发展变化的过程。因此,对林业科技推广的认识是一个不断深化的过程。作为科学的认识,应最直观、最全面地反映林业科技推广的客观规律,深化认识的过程就是不断探索其发展规律的过程。

2. 客观规律的探索与遵循:规律是客观存在的,人们对规律的认识深度基于对以往经验的总结。随着认识的深入,人们对规律的把握会越来越准确。客观规律为实践指明了方向,遵循规律可以使人们的行为更明确,减少错误,提高效率。林业科技推广在林业生产中有其客观发展规律,同时其内部各实践环节之间也存在内在的客观规律。

在林业科技推广实践中:从宏观层面来讲,不断深化对林业科技推广的整体认识,满足林业生产和社会经济的现实需求,把握其在社会经济中的发展规律,提高潜在生产力转化为现实生产力的效率;从微观层面来讲,不断深化对林业科技推广内部各环节的认识,满足具体工作的现实需求,把握其内在发展规律,提高具体工作效率,实现效益最大化。

3. 规律的总结与批判性更新:规律源于客观实践,既要在工作实践中总结经验、凝练规律,又要在新的工作中发现新问题,批判性地更新以往的经验和思想,深化对林业科技推广规律的认识。同时,既要善于总结他人经验为己所用,又要利用他人的实践检验与拓展自己的认识,从而不断推动林业科技推广的科学化和高效化。

(五)林业科技推广工作的辩证方法

第一,根据现实需求辩证调整工作方法。

首先,需求引导工作方法的调整。需求是联系各方的纽带:商品需求联系买卖双方,政策需求联系上下级。需求的变化引导着联系的变化,也决定了工作方法的调整方向。林业科技推广基于现有经济社会条件和林业生产实践,通过挖掘现实问题,探索潜在需求,进而将潜在生产力转化为现实生产力,从而解决问题、满足需求。

其次,问题与需求的辩证关系。现有客观条件下暴露的问题既是发展的阻碍,也是发展的需求点。通过解决问题实现发展,是林业科技推广的核心任务。以昌邑市苗木业为例,其不断拓展产业链的发展历程正是积极探索潜在需求的过程:认识到销售需求后,重视生产与销售间产业链的建设,开拓销售空间;认识到现代生活对园林绿化的需求后,开辟园林绿化工程的新发展空间。挖掘现实问题的过程,实际是为潜在需求创造条件的过程。当当前需求得到满足,新的条件将催生新的需求,成为林业科技推广的新工作重点。

最后，挖掘问题与积累条件。在现有条件下，充分利用资源、挖掘问题、探索潜在需求，是实现需求满足与条件积累的关键。这一过程不仅满足现实需求，也为潜在需求的清晰化和实现打下基础，从而推动林业科技推广工作的持续发展。

第二，把握林业科技推广中的环节及联系。

首先，政策层面的统筹协调。县域林业科技推广不是孤立的，需在政策上协调纵向与横向联系：从纵向联系来说，既要立足国家和省级林业科技推广的全局，指导本地基层推广工作，又要利用全省推广平台发展、充实和提升本地推广渠道与手段，提高经济社会效益；从横向联系来说，加强与周边及其他地区林业科技推广工作的联系与借鉴，实现资源共享和经验互补。

其次，实践层面的统筹协调。林业科技推广实践需统筹内部与外部联系：从内部联系来说，统筹林业科研与生产实践的关系，推动科研成果向现实生产力转化；从外部联系来说，协调推广途径、渠道、手段及相关生产部门之间的关系，确保各环节有效衔接。在具体项目中，推广实践若统筹不到位，可能因某一环节的缺失而影响整体效果。

再次，条件层面的统筹协调。林业科技推广需灵活利用现有条件，并积极探索潜在需求：从现有条件的优化组合来说，在现有基础上灵活搭配条件，实现有效组合，满足不同需求；从潜在需求的挖掘来说，针对条件的多寡与缺失，积极探索潜在需求，为未来发展创造条件。

最后，统筹协调原则的重要性。在林业科技推广中，应坚持统筹协调原则，全面考虑已知影响因素并系统融合，同时积极探索未知联系。通过这一原则，推动林业科技推广工作促进林业生产科学发展，实现经济社会发展效益的最大化。

第三，动态看待林业科技推广工作。

首先，林业科技推广的动态发展。林业科技推广的客观条件、主观目的和实践过程都处于不断发展的状态。随着推广实践的深入，客观条件不断变化，基于此形成的主观认识和工作目标也随之调整。现实需求的变化推动林业科技推广的具体实践不断更新，使其成为一个动态发展的过程。现实需求的客观性决定了发展的客观性，但并非所有变化都能实现发展。只有在特定条件下，变化才能转化为发展。

其次，需求与条件的时空制约。在一定客观条件下产生的现实需求会随条件的变化而变化，但其满足受具体时间和空间的制约。条件的变化与需求的满足之间往往存在时空差，这制约了需求的及时满足。林业科技推广作为实践与认识的统一体，其认识的反复性决定了发展是一个持续且曲折的过程。以昌邑市为例，从用材林的失败到经济林苗木业的成功，正是这一曲折过程的生动体现。

再次,量变到质变的发展规律。发展并非现有条件的简单累积,而是随着需求的满足和条件的积累,在特定条件下实现质变的过程。在一定生产力结构和生产关系背景下,林业科技推广将潜在生产力转化为现实生产力的需求变化属于量变阶段。随着生产力的发展,生产力结构的变化则意味着质变的实现。

最后,坚持恒心尽力的原则。在林业科技推广中,应坚持恒心尽力的原则,在充分认识现有条件的基础上,明确现实需求,探索潜在需求,把握发展方向。为满足现实需求不断努力,同时为潜在需求积累客观条件,推动林业生产的蓬勃发展。

第四,林业科技推广中的矛盾运动。

首先,林业科技推广的矛盾运动过程。林业科技推广将潜在生产力转化为现实生产力的过程是一个对立统一的矛盾运动过程。现有条件与所缺条件构成矛盾的统一体,双方互为前提,矛盾的消失标志着需求的满足。在推广实践中,若所缺条件不存在,即条件全部满足,需求得以实现,该项实践宣告结束;若所有条件均为所缺条件,则无需求可言,实践无法开展。因此,林业科技推广的核心在于充分利用现有条件的同时,针对性解决所缺条件,以满足现实需求。

其次,林业科技推广的普遍性与特殊性。林业科技推广实践既有共性又有个性,即矛盾的普遍性与特殊性。实践中既无完全相同的案例,也无完全不同的案例,每个案例都有其独特的条件与需求。这决定了实践中存在主次之分:将潜在生产力转化为现实生产力的关键需求即为主要需求,满足主要需求的实践活动成为工作重点。同样,在某一具体项目中,现有条件与缺失条件也有主次之分,主要方面在一定条件下起决定作用。若现有条件占优势,需求易于满足,项目可付诸实践;反之则难以实施。

再次,坚持辩证逻辑的原则。在林业科技推广中应坚持辩证逻辑的原则,即“两点是有重点的两点,重点是两点中的重点”,做到两点与重点的统一:一分为二看待实践,既要全面考虑林业科技推广实践中的各方面需求,把握重点,又要仔细分析现有条件,以最大优势推动实践发展;具体问题具体分析,在原有经验基础上,结合新情况、新条件,研究解决问题的新思路,避免“一刀切”;扬长避短,推广实践中形成的经验方法具有两面性,需在实践中扬长避短,以优化实践效果。

第五,林业科技推广中的批判与创新。

首先,实践与认识的辩证关系。林业科技推广是实践与认识的统一体,既是一个实践的过程,也是一个认识的过程。认识与实践之间的辩证关系决定了林业科技推广的思想认识是一个辩证发展的过程。对错误观点的否定意味着对相反方向中正确观点的探索,这种否定之否定的辩证否定观表明,对错误认识的否定将正确地指导实践。因此,批判错误认识是推动林业科技推广思想发展的重要动力。

其次，批判性思维推动新认识的产生。林业科技推广实践的复杂性决定了认识的持续批判性。在实践中形成的认识需要通过检验来验证其正确性，检验的过程也是批判的过程：无法否定的认识，即正确的认识，可用于指导实践；被否定的认识，即不正确的认识，不能用于指导实践，但其否定过程为形成新认识指明了方向。在坚持正确认识的同时，不断形成新认识，推动林业科技推广的发展。这一过程不仅满足现实需求，还为林业发展提供新的条件，开辟新的需求，实现创新。

再次，批判与创新的辩证关系。批判与创新是林业科技推广中不可分割的两个方面：批判是始于实践而形成认识的过程，通过对具体实践和实现条件的分析，形成不同于以往的新认识；创新是始于认识而完成实践的过程，是对批判的实践，在新认识的指导下通过新的实践方式满足现实需求。以昌邑市为例，“雪原一号”常夏石竹的培育推广过程充分体现了这一过程：通过与科研院所合作，从石竹花的生长习性、类型及形态特征等层次逐步改进，实现了林业科技推广的创新。

最后，坚持批判创新的原则。在林业科技推广中，应坚持批判创新的原则：批判是创新的批判，创新是批判的创新。通过批判现有认识，形成新认识；通过创新实践，满足现实需求，推动林业科技推广的持续发展。

三、县域基层林业的可持续性发展

林业科技推广作为将潜在生产力转化为现实生产力的生产实践活动，既不属于孤立自然科学范畴，也不片面属于社会科学范畴；它既非纯粹的政府行为，也非完全的市场行为。其综合性特征决定了需要从多维度、多视角对其进行系统研究。

从唯物论、认识论和方法论的角度，通过对林业科技推广实践的系统认识，结合昌邑市林业发展史中的推广案例，对已形成的各种思想认识进行梳理，从哲学高度进行概括、凝练和提升，初步建立一套立足于县域基层的林业科技推广哲学思想体系，具有以下重要意义。

（1）深化实践认识：有助于更深入地理解和把握林业科技推广的实践本质。

（2）揭示规律：有助于更准确地揭示林业科技推广的客观规律；

（3）提升科学性：使县域基层林业科技推广政策、计划的制定更加科学和完善。

（4）解决问题：更容易发现并解决现实问题，满足现实需求。

（5）理论与实践结合：使理论与生产更紧密地结合，更高效地将潜在生产力转化为现实生产力。

建立林业科技推广哲学思想体系，不仅能够推动县域基层林业科技推广工作的规范化、科学化，还能为区域林业发展提供理论指导和实践支持，最终实现林业生产的高效发展。

（一）县域林业科技推广唯物论

1. 林业科技推广的客观物质性：林业科技推广作为将潜在生产力转化为现实生产力的社会实践，本质上是人们改造客观世界的物质活动。生产力的客观性决定了林业科技推广的客观物质性，唯物论是其基础前提。客观物质存在不以人的意志为转移，“物质”是对客观存在的主观反映，而“条件”则是在实践中区分物质范畴的概念。条件与无条件反映物质存在的有无问题、条件与非条件是反映物质存在是否属于特定思想认识范畴的问题，这是两组不同性质的关系：

2. 林业科技推广的实践与认识过程：林业科技推广的物质条件是基于现有认识对客观存在的反映，而其目标与需求则是未被充分认识的客观存在。推广实践在现有条件基础上创造条件的过程，既是人们认识客观世界的过程，也是以现有认识为指导改造客观世界的过程。物质与意识的辩证关系决定了林业科技推广既要充分认识现有条件，又要充分利用现有条件，同时在实践中不断更新和完善认识。

3. 林业科技推广的自然科学与社会科学融合：作为生产实践，林业科技推广体现了生产力与生产关系的统一性，决定了其自然科学与社会科学的融合特征。林业科技推广哲学既非单纯的哲学自然科学，也非直白的哲学社会科学。在林业发展进程中，它既是一个认识客观世界的过程，也是一个改造客观世界的过程；既受社会生活的影响，也影响着社会生活。林业科技推广哲学在潜在生产力转化为现实生产力的实践中，实现了物质与意识的辩证统一。

4. 具体实践中的方法论：在具体实践中，林业科技推广的所有工作都应从实际出发，在不断变化的客观环境中，总结经验，重视对以往工作经验的总结；及时更新思想认识，适应新情况、解决新问题。

（二）县域林业科技推广认识论

1. 实践与林业科技推广的现实存在：林业科技推广作为将潜在生产力转化为现实生产力的社会实践，其实践的客观性决定了其现实存在。对现实生产力的认识催生了将潜在生产力转化为现实生产力的需求，而实践是验证和满足这些需求的唯一途径。没有实践，林业科技推广无法存在，也无法实现其目标。现实生产力作为实践的基础条件，决定了林业科技推广的开展。

2. 现实需求与条件的辩证关系：林业科技推广满足现实需求的过程即是实践的过程，若无此过程，林业科技推广便失去了存在的意义。现实条件决定现实需求，没有条件就没有需求，条件的实现意味着需求的满足，而新条件的产生又会催生新的需求，推动需求的不断提高。在林业科技推广实践中，对客观条件的分析和思考既是认识的形成过程，也是主观现实需求的产生过程。只有在对条件充分把握的基础上，才能将潜在需求明确为现实需求；否则，需求将停留在主观潜在状态，无法成为现实。

3. 实践中的需求满足与条件积累：在现有条件基础上的实践过程，既是检验认识和明确需求的过程，也是创造条件满足需求的过程。随着实践的深入，对现实条件的认识不断得到检验，对现实需求的认识也更加明确。同时，实践中实现所缺条件的过程，也是现实需求不断得到满足的过程。现实条件的改变和认识的深化直接引起需求的变化，而已满足的需求又作为新的条件影响着整个需求的满足，尚未满足的需求则指引着实践的方向。

4. 实践与认识的辩证统一：林业生产的发展是通过不断满足现实需求实现的。随着现实需求的满足，潜在生产力转化为现实生产力，并成为新的认识起点，开启对新的需求的探索与满足，推动林业科技推广进入新的实践过程。这一过程体现了实践与认识的辩证关系：林业科技推广既通过实践创造条件满足现实需求，又在条件基础上不断探索新需求。探索需求既是认识条件的过程，也是利用条件的过程。现实需求满足后，若缺乏对新需求的探索，发展将陷入停滞。

（三）县域林业科技推广方法论

1. 林业科技推广与社会实践的联系：林业科技推广作为将潜在生产力转化为现实生产力的社会实践，通过现实需求将潜在联系物化为现实联系，并通过实践统筹和协调各种联系以满足需求。联系是客观的，存在即联系。将潜在生产力转化为现实生产力的过程，是一个认识联系、运用联系、探索联系的过程，既要充分认识与利用现实联系，又要积极探索潜在联系。

2. 现实联系与需求的辩证关系：不同的客观存在因林业科技推广的现实需求而成为现实联系。推广主体与主体间、客体与客体间、主体与客体间以现实联系为条件，通过实践建立新的现实联系以满足需求。外部现实联系通过成为推广的条件参与实践。实践是林业科技推广的联系统一体，对联系的系统把握决定着现实需求的满足。现实需求在实践中随现实条件的变化而变化，现实联系的变化又决定着需求的变化。现实联系的变化可能是已知联系的延续，也可能是新联系的形成。实践中，现实联系向已知联系的变化不意味着新联系的建立，而向新联系的变化则推动实践的发展。

3. 林业科技推广的矛盾统一性：林业科技推广是对立统一的矛盾统一体，潜在与现实是对立统一的矛盾统一体；条件与需求是对立统一的矛盾统一体；现实与联系也是对立统一的矛盾统一体。矛盾双方的存在是相互依存的，统一于林业科技推广实践。不同的矛盾运动及其状态决定了具体的实践状态，客观的辩证逻辑联系决定了林业科技推广的实践方向。

4. 批判、创新与实践的发展：林业科技推广在批判中发现现实联系，在否定中检验联系，并通过实践建立新联系以实现创新。只有通过统筹协调具体联系，才能满足现实需求；只有通过恒心尽力的实践，才能把握具体联系；只有在辩证逻辑的指导下，才能正确认识联系；只有在对旧联系的批判中，才能实现创新。

（四）县域林业科技推广的辩证思维体系

1. 客观条件与需求的辩证关系：客观物质条件决定现实需求，而需求又引导着联系的形成与发展。联系是一个不断变化发展的矛盾运动过程，实践通过不断创新联系以满足现实需求，并在此基础上创造新的需求。

2. 县域林业科技推广哲学思想的核心理念：在理论与现实统一的基础上，可以将县域林业科技推广哲学思想概括为立足客观条件，以经济社会发展客观条件为基础；以需求为导向，探索并满足当地林业发展的现实需求；在工作中贯彻统筹协调、恒心尽力、辩证逻辑、批判创新四项原则，推动林业生产实践；致力于促进当地社会进步和经济发展。

3. 哲学思想的形成与实践价值：这一哲学思想体系建立在对林业科技推广的系统认识之上，通过对县域林业科技推广经验的去伪存真、去粗取精和凝练提升而形成。经过实践的不断检验，这一体系将不断完善。无论是林业科技推广的整体推动，还是具体项目的实施，以这一哲学思想为指导，不仅能够避免错误和弯路，还能显著提高工作效率，实现更高的经济社会效益。

第五章 统筹协调篇：推进县域城乡一体化辩证思想研究

城乡一体化的思想早在20世纪就已萌芽。自改革开放以来，特别是在80年代末期，城乡隔离发展的历史问题导致经济社会矛盾不断加剧。进入21世纪后，随着经济快速发展，城乡隔阂在经济、社会、文化等方面的矛盾不仅未能有效解决，反而累积成为制约我国社会经济发展的重大负担。面对这一现实，众多学者开始探索如何破解城乡隔阂、为经济发展注入新动力，城乡一体化思想逐渐受到重视。

从党的十七大到十八届三中全会，《中共中央关于全面深化改革若干重大问题的决定》专门提出健全城乡发展一体化体制机制，凸显了城乡一体化的战略意义。

尽管城乡一体化的概念与内涵被广泛研究，但由于其涉及社会管理、生态环境、文化生活、空间景观等多个领域，并非单一学科可以涵盖，导致研究视角多样，结论大相径庭。从经济学、社会学、人类学、规划学等不同学科进行独立研究，往往得出不同甚至相反的结论，难以形成统一共识，无法为推进城乡一体化提供科学指导。

为真正推动城乡一体化与县域经济发展，需从居民现实需求出发，进行综合的系统研究。通过对城乡一体化的辩证思考，深化对其整体性与具体性的理解，从多维层面进行统筹分析，形成一套源于县域实际、助力县域经济发展的城乡一体化指导思想。这不仅对推进当地城乡一体化具有现实指导意义，还能充分发掘县域经济的内在潜力，推动其在城乡一体化的平台上实现新突破，最终实现经济的可持续发展。

一、城乡一体化的本体属性

城乡一体化是生产力发展推动基层居民生产方式、生活方式和居住方式变化的过程，其核心在于城乡人口、技术、资本、资源等要素的相互融合，互为资源、互为市场、互相服务，最终实现经济、社会、文化、生态、空间、政策（制度）等多维度的协调发展。城乡一体化并非城镇化，两者虽有联系但存在本质区别：城乡一体化是城与乡双向融合的整体发展过程，强调城乡作为矛盾统一体的协调与共生；城镇化是由乡村向城市单向转变的过程，表现为产业结构、人口职业及地域空间的变化，是城与乡两个矛盾主体之间的发展过程。尽管城乡一体化包含部分城镇化的内容，但不能以城镇化替代城乡一体化,更不能将城镇化置于城乡一体化之上。

2016 年,以山东省昌邑市为对象,围绕推进城乡一体化开展了一次基层走访调研,研究重点包括:基层居民对城乡一体化本体属性的理解状况;基层居民对推动城乡一体化工作策略的认知状况;基层居民对推动城乡一体化具体工作方法的认同状况;基层居民个人生活融入城乡一体化的状况;基层居民个人事业融入城乡一体化的状况。

基于此次调研,后续开展了持续性研究,为城乡一体化的推进提供了实证支持。

(一)广大基层居民对城乡一体化本体属性理解错位

调研采用走访交谈和调查问卷相结合的方式,旨在全面了解基层居民的主观思想并获取可量化的数据支持。第一阶段调研以昌邑市主城区居民、郊区居民和小型服务业经营户为主要对象,重点考察其对城乡一体化本体属性的理解状况。调研发现的主要问题有以下四个。

1. 理解错位:多数基层居民对城乡一体化的本体属性存在理解偏差。城区与郊区居民对城乡一体化的现实感受较深,服务业经营户则对经贸往来的变化有强烈感受,而城区机关事业单位职工的感受相对较弱。

2. 概念混淆:大多数居民混淆了“城乡一体化”与“城镇化”的概念,并将其视为一种主观认识,脱离了社会经济融合发展的客观现实。

3. 认知局限:部分居民认为城乡一体化只是“新瓶装旧酒”,仅是一种提法创新,与经济社会发展无关;还有一些人将其视为政府的主观规划,与本地经济环境脱节,不会影响居民生活;更有甚者认为城乡一体化只是口号,缺乏具体措施和现实意义。

4. 需求忽视:在经贸往来等交流中,大多数人并未关注主体需求的客观条件。

以下是对调研数据的分析。

在 200 份问卷中,关于“您知道‘城乡一体化’吗?”的选题:8%的居民选择“很了解”;17%选择“知道”;62%选择“听说过”;13%选择“不知道”。其中,选择“很了解”的居民均为 20—35 岁、学历较高的年轻人,但仍有 3 人混淆了“城乡一体化”与“城镇化”。在“知道”与“听说过”的居民中,80%的人混淆了两者概念。关于“您是从什么渠道知道‘城乡一体化’的?”的选题:88%的居民选择“网络、电视、广播等”;8%选择“亲戚、朋友间聊到的”;4%选择“政府、社区、村委工作人员宣讲的”;无人选择“看宣传栏、宣传材料”。

(二)以人为本的社会生活决定城乡一体化的客观物质性

城乡一体化的主体是客观的人,城乡一体化的构成要素都是以居民为中心的,基层居民在生产方式、生活方式和居住方式上的客观变化决定了城乡一体化的客观物质性。物质条件作为居民生产生活的基本前提,是城乡一体化的第一位要素,不同的客观物质条件决定了城乡一体化的不同发展方式。客观地域环境直接决定着城乡一体化的整体形态，内陆与沿海、丘陵与平原、辖区大小等地理形态上的不同，决定了城乡一体化在具体发展内容与模式特色上是会有很大不同的。以山东省昌邑市为例，整个辖区呈狭长分布，北连莱州湾，南接峡山，从南至北一片平原，潍河纵贯全境，昌邑市城区基本位于辖区中间，但主城区面积相对狭小，但居住人口却占辖区人口总数的近三分之一。这决定了昌邑市既不适合以主城区为中心、以乡镇为基点的辐射式的城乡一体化，也不适合重主城区、弱基层乡镇的收敛式的城乡一体化。昌邑市自然资源分布因南北间淡水资源与海洋资源上有着较大反差而极不均衡，居民在农副业生产上、饮食上、生活习惯上等有着较大不同，而在南北乡民的交流上形成一大隔阂，使昌邑市主城区不但未成为特色中心区反而成为分界区。这一系列客观条件决定了昌邑市基层居民不适合以城区为终点发展城乡一体化，而适合以主城区作为南北基层居民交流的平台发展城乡一体化，这恰恰使一个经济交流扩张的发展过程。

（三）城乡一体化发展有着客观规律性

城乡一体化的主体是客观的人，其构成要素围绕居民展开。基层居民在生产方式、生活方式和居住方式上的客观变化，决定了城乡一体化的客观物质性。物质条件是居民生产生活的基本前提，也是城乡一体化的首要要素，不同的物质条件决定了城乡一体化发展的不同路径。

客观地域环境直接决定了城乡一体化的整体形态。内陆与沿海、丘陵与平原、辖区大小等地理形态的差异，使得城乡一体化在具体发展内容和模式特色上存在显著不同。以山东省昌邑市为例，其辖区呈狭长分布，北接莱州湾，南邻峡山，南北均为平原，潍河纵贯全境。昌邑市主城区位于辖区中部，但面积狭小，却集中了辖区近三分之一的人口。这一地理和人口分布特征决定了昌邑市城乡一体化的发展模式。

1. 不适合以主城区为中心：既不适合辐射式城乡一体化（以主城区为中心，以乡镇为基点），也不适合收敛式城乡一体化（强调主城区，弱化基层乡镇）。

2. 资源分布不均衡：南北之间淡水资源与海洋资源差异显著，导致农副业生产、饮食和生活习惯等方面的不同，形成南北乡民交流的隔阂。主城区未能成为特色中心区，反而成为分界区。

3. 主城区的角色定位：昌邑市基层居民不适合以主城区为终点发展城乡一体化，而应将其作为南北居民交流的平台，推动经济交流与扩张的发展过程。

二、推进城乡一体化的社会实践性

城乡一体化作为一个客观存在的社会发展过程，其推进必然是一个现实的实践过程。这一过程并非主观臆想，而是基于客观条件的改变和内在规律的影响，具有明确的现实性和实践性。在城乡一体化的实践中，人民群众是社会实践的主体，而政府作为人民群众的组织者和引导者，承担着组织和推动城乡一体化进程的重要职责。政府通过改变城乡一体化的客观发展条件或影响其内在发展规律，引导广大基层居民共同参与，推动城乡一体化的实现。推进城乡一体化的核心在于通过实践改变客观条件和优化发展规律。这一过程需要政府在组织和引导中，充分结合基层居民的现实需求和发展潜力，确保城乡一体化在实践中的有效推进。

（一）推进城乡一体化的认识来源于实践

对推进城乡一体化的认识主要来源于两个方面：客观实际条件，即城乡一体化发展过程中所依赖的具体物质条件和社会环境；实践活动中的规律把握，即在推进城乡一体化的具体实践中，对客观条件和内在规律的深入理解与运用。对城乡一体化客观条件的认识是推进工作的基础，需要通过对发展现状和具体条件的详细调研，形成初步认识并指导实践。

政府在推进城乡一体化的实践中，需深化对实践主体（居民）、实践对象（城乡关系）和实践工具（政策与资源）的认识，进而准确把握客观条件和规律，指导整个实践过程。昌邑市在推进城乡一体化的统筹发展中，采取了以下具体措施。

1. 特色产业调研：对辖区内特色产业发展情况进行详细调研，引导居民立足自身优势，因地制宜发展特色经济，宜商则商、宜工则工、宜农则农。

2. 产业链条拓展：按照产业化思路拓宽产业链条，指导农业结构调整，优化农村产业区域布局，实现转型与调整的新突破。

3. 特色主导产业培育：在各镇村逐步形成畜牧、苗木种植、水产品养殖、商贸物流等特色主导产业，帮助农民快速致富。

4. 就业岗位统筹：以就业岗位统筹为突破口，鼓励城市生产要素下乡和农民进城“双向流动”，实现农民在家门口成为“上班一族”的目标。

（二）推进城乡一体化的认识在实践过程中加以检验

在推进城乡一体化的实践中，通过不断检验和修正对城乡一体化的认识，可以准确把握现实条件的客观联系。城乡一体化作为一项客观的实践活动，本身也是一个不断深化认识的过程。经过实践检验的基础认识，不仅是对城乡一体化客观条件的把握，也是对现实条件间联系的明确，同时是对实践成效的肯定，为深入推进城乡一体化奠定基础。昌邑市在推进城乡环卫一体化的过程中，最初基于对城乡垃圾问题的深刻认识。

垃圾日产生量大，环卫基础设施滞后，居民环境卫生意识薄弱，垃圾随意丢弃现象普遍，农村地区更是面临“垃圾围村”、蚊蝇滋生等问题。昌邑市出台了《城市市容和环境卫生管理办法》和《城乡环卫一体化实施方案》,将城中村和行政村的环境卫生工作委托市环境卫生管理局管理。昌邑市环卫局与社区、村委协商签订有偿托管协议,探索出“委托管理、市场运作”的机制,建立了以下模式:

1. 一杆到底的运作模式:统一管理,全程负责。

2. 统一收集、清运与处理:集中处理垃圾,实现资源化利用。

3. 谁产生、谁付费的收费模式:推动垃圾处理的可持续性。

这一模式不仅解决了“垃圾围村”问题,实现了城乡环卫一体化,还显著提升了农村居民的生活和环境质量。此外,昌邑市以发展循环经济为目标,与企业合作建设了生活垃圾及建筑垃圾资源化利用项目,推动垃圾处理向资源化、产业化、无污染、零废弃方向发展。

(三)以科学认识指导推进城乡一体化的具体实践

在推进城乡一体化的实践中,通过检验和总结,可以提炼出客观规律,从而指导具体实践。对城乡一体化客观现实条件的初步认识并不具有普遍指导意义,只有在实践中去伪存真、去粗取精,才能形成科学认识,并不断总结提升,进而把握发展规律,指导实践。这是一个循环往复的动态过程,贯穿于城乡一体化发展的始终。

昌邑市在推进城乡一体化的过程中,通过改善基础设施和公共服务,取得了显著成效:昌邑市提出打造“2 公里生活服务圈”,出台了一系列民生政策,确保新改善的基础设施和公共服务覆盖每个角落,提升居民幸福指数;将公共服务建设与县域总体规划、乡镇功能定位相结合,推动教育、医疗、文化、体育、公共安全、社会福利等公共服务向各乡镇和农村社区延伸;积极探索市场化便民服务新途径,建设标准化卫生所、综合文化活动中心、农村远程教育信息网点、便民超市、敬老养老场所等,不断改善农村生产生活条件,使农村居民享受与主城区居民同等的公共服务。

根据实践与认识的辩证关系,城乡一体化推进可分为以下四种现实形态。

1. 主观主动型:在没有充分调研和科学认识的情况下,单方面积极推动城乡一体化,导致主客观脱离,盲目推进,浪费资源,甚至破坏城乡一体化进程。

2. 主观被动型:既未充分调研,也未掌握科学认识,消极抵触地推进城乡一体化,阻碍其发展进程。

3. 客观主动型:在全面调研和科学认识的基础上,积极主动推进城乡一体化,充分发挥资源效用,加快城乡一体化进程。

4. 客观被动型:虽进行了调研并掌握了科学认识,但未能积极主动推进城乡一体化,缺乏具体发展思路,不利于其快速发展。

三、推进城乡一体化的辩证方法

(一)提高广大城乡居民对城乡一体化本体属性的理解

推进城乡一体化是一个动态的实践过程,其实践方法直接决定实践结果。因此,探索和实施科学的方法至关重要。广大城乡居民对城乡一体化本体属性的理解是推动其发展的基础。缺乏正确认识可能导致实践偏离目标,影响成效。推进城乡一体化可采用以下三种方法。

1. 教育与宣传:通过教育课程、宣传活动等方式普及城乡一体化的内涵与意义;

2. 引导与参与:引导居民参与城乡一体化的具体实践,增强其对工作的理解和支持;

3. 多样化渠道:利用网络、电视、社区活动等多种渠道扩大宣传覆盖面,确保信息传递的广泛性和有效性。

第一,推进城乡一体化应加强对教育主体的教育。

建立一支深刻理解城乡一体化本体属性的师资队伍是普及相关知识的关键。具体措施包括定期组织师资队伍参加城乡一体化专题培训,提升其理论水平和宣讲能力;通过各类培训和宣讲活动,深入讲解城乡一体化的内涵、意义和实践路径,确保知识的准确传递。并加强党员领导干部的教育,党员领导干部是推动城乡一体化的中坚力量,其理解和支持对实践工作至关重要。加强对党员领导干部的城乡一体化知识教育,具体措施包括通过专题讲座、学习班等形式提升其理论素养;鼓励其在工作和生活中主动学习城乡一体化知识,并积极引导城乡党员、机关事业单位职工、社区与乡村居民深入认识城乡一体化的本体属性。

第二,推进城乡一体化应加强宣传。

一方面,可利用多媒体宣传手段,如电视、网络、广播等。利用多媒体覆盖面广、传播速度快的特点,向广大居民宣传城乡一体化的本体属性。可以制作专题节目、短视频、广播访谈等内容,生动解读城乡一体化的内涵和意义;也可以通过社交媒体平台发布图文、视频等宣传材料,扩大受众范围。

另一方面,可利用线下宣传渠道,如宣传栏与广告栏等。在社区、乡村等公共场所设置宣传栏,张贴城乡一体化的宣传材料和公益广告。内容应通俗易懂,结合居民生活实际,展示城乡一体化的具体实践和益处;并定期更新内容,确保信息的时效性和吸引力。

通过多元化的宣传手段,营造浓厚的学习氛围,激发广大城乡居民主动学习城乡一体化知识的热情,提高其对城乡一体化本体属性的理解与支持。

第三,推进城乡一体化应加强引导。

在政策制定中,应以“城乡一体化”为专题,对相关内容进行重点突出和强调,确保其在政策体系中的重要性得到充分体现。政策的制定应明确城乡一体化的目标、路径和重点领域,确保各项政策措施具有针对性和可操作性。

在行政执法过程中,涉及城乡一体化的相关工作应及时向广大城乡居民进行解释和说明,确保其理解城乡一体化的内涵和意义。通过执法过程中的宣传教育,提高城乡居民对城乡一体化的认识,调动其参与的积极性和主动性。

在为民服务中,应积极引导城乡居民主动遵守城乡一体化发展的客观规律,推动其从被动参与者转变为主动实践者。将城乡一体化的理念融入各项为民服务中,确保政策落实与居民实际需求紧密结合,提升居民的获得感和满意度。

(二)提高广大城乡居民积极推动城乡一体化的主动性

第一,城乡一体化的辩证统一性。

对立与统一表现在城乡一体化作为城区居民与乡村居民在生产方式、生活方式和居住方式上的变化发展过程,体现了城乡间的对立统一。城乡间的隔阂是其对立的现实表现;城乡间的融合是其统一的现实表现。城乡间的对立统一是辩证的,隔阂通过融合达成统一,而融合中产生的对立又形成新的隔阂。城乡一体化的发展重点正是解决这些矛盾点。推进城乡一体化既要聚焦现有矛盾点,又要避免制造新的矛盾,确保城乡融合的协调发展。

昌邑市在构建城乡教育一体化的过程中,针对硬件设施和师资力量两大矛盾点,统筹优化教育资源配置,具体措施如下。

1. 按照《昌邑市中小学(幼儿园)布局规划(2011—2020年)》,稳步推进中小学布局调整,采取“宜统则统、宜分则分”的原则。

2. 加快初中进城步伐,将乡镇初中与城区初中合并重组,建设标准化寄宿制初中。

3. 加快社区标准化小学建设,科学配置教学设备、图书、教学场所等资源。

4. 推行城乡教师交流制度,扩大交流规模,创新交流模式,促进优质教师资源全民共享;

5. 在高中阶段灵活调整学科配置,打破文理分科传统,结合重点学科与兴趣学科,发掘学生潜力,提高升学率与就业率。

第二,推进城乡一体化是一个内外协调的过程。

首先,城乡一体化的发展规律有其内在发展规律,这些规律从根本上决定了其发展进程,而外部力量通过影响内在规律改变城乡一体化进程,但其影响具有以下特点。

1. 有限性:外部力量不足以完全改变内在规律。

2. 双向性：正面影响可加速发展，负面影响则可能阻碍进程。

推进城乡一体化作为外部力量，既要遵守内在规律，又要最大限度地运用规律，实现实践效率最大化。

其次，昌邑市社会养老服务体系城乡一体化的实践。昌邑市在推进社会养老服务体系城乡一体化的过程中，采取了以下措施。

1. 基础设施建设：针对老龄化趋势，增加城中社区和乡镇养老机构的建设；加大敬老院基础设施改造，拓展服务功能，拓宽服务范围；提高护理性床位的数量和比重，满足失能、半失能老年人的需求。

2. 体制机制创新：推动公办养老机构建立与市场经济体制相适应的运行机制，推进“公建民营”；鼓励民间资本通过承包、委托运营、合资合作等方式参与养老服务设施的运营或管理；通过服务收费、慈善捐款等多渠道筹集运营费用，政府以运营补贴、购买服务等方式给予支持。

最后，推进城乡一体化是一个持续变化的过程。

城乡一体化是生产力发展推动基层居民生产方式、生活方式和居住方式变化的过程。在特定的时空下，其客观存在形式和发展特点会随着经济社会的进步不断变化。推进城乡一体化作为一项动态的实践过程，在不同发展阶段呈现出不同的具体特点。每个阶段的实践重点或指导目标都基于城乡一体化的客观现实；一个具体实践的结束或目标的实现，既是整体实践阶段的组成部分，也是下一阶段开始的标志。推进城乡一体化既要确立科学的指导思想，坚持谋定而后动，又要在实践中不断调整思路，做到因势制宜。

昌邑市在推进文化建设城乡一体化的过程中，采取了以下措施。

1. 硬件建设与文化资源流通：在主城区打造大型文化广场，在乡镇建设文化站，在农村建设文化活动室、文化大院、文体中心等，形成多层次的文化基础设施网络；将文化与体育、教育、社保相结合，提升文化资源的综合利用效率。

2. 资金扶持与投资机制：设立文化事业发展基金和文化产业引导资金，加大对文化事业和产业发展的扶持力度；与大型企业文化建设、旅游项目结合，拓宽融资渠道，建立多元化投资机制，吸引企业资本、社会资本和民间资本投入文化产业。

3. 群众文化活动：将大型文艺活动与庄户剧团、秧歌队、合唱团等群众性文化团体相结合，形成多点开花的群众文化活动格局；推动群众文化遍布城乡每一个角落，提升城乡居民的文化参与感和获得感。

第三，推进城乡一体化是一个否定创新的过程。

首先，要认清城乡一体化的矛盾运动规律。

1. 矛盾的对立统一：城乡一体化是城乡间诸多矛盾点对立统一的运动发展过程，从矛盾的出现到消失，体现了城乡间由隔阂到协调发展的转变。

2. 隔阂与融合的关系：隔阂消失标志着融合的成功，是城乡一体化的新发展；隔阂加强意味着融合失败，表明城乡一体化发展中遇到问题。

3. 实践的辩证性：在推进城乡一体化的具体实践中，对与错并存；消除隔阂证明实践成效，而隔阂强化则暴露问题。

4. 自我批判与创新：通过实践的自我批判与自我否定，发现指导思想的不足并加以改进，才能在后续实践中坚持正确方向并实现创新。

其次，昌邑市科技服务进行了多项城乡一体化的实践。

1. 初期挑战：昌邑市在推进科技服务城乡一体化的过程中，增加了乡镇科技推广站点并引入农业科技服务企业，但农民分片区跟随示范种植的方式，不利于科技推广工作的开展。

2. 针对性措施：针对绿化苗木、大姜种植、水产养殖、家禽养殖等区域作业集中且农户需求不同的现状，按照地域临近、交通便利、组织方便的原则，利用村（居）文化大院、农村党员远程教育站等平台，组织农业科技推广讲师团下乡；建立便捷高效的推广模式，确保农业科技更好地服务于农业生产。

城乡一体化是一场重大而深刻的社会变革，涉及主观意识与客观环境、生产方式与生产关系、生存环境与生活空间的多重调整。从发展思路与增长方式来说，是从传统模式向可持续模式转变；从产业布局与利益关系来说，是从城乡分割向利益协调转变。推进城乡一体化不仅是思想观念的更新和政策措施的变化，也是体制机制创新和领导方式改进的具体体现。

昌邑市在推进城乡一体化的过程中，明确了实践的现实意义，并提出了以下指导原则。

1. 立足实际：基于昌邑经济社会发展的基础和现有条件，探索并满足城乡一体化的现实需求。

2. 挖掘优势：充分发挥区域资源禀赋和产业优势，推动城乡协调发展。

3. 实践原则：坚持“辩证逻辑、统筹协调、恒心尽力、批判创新”四原则，辩证逻辑——用辩证思维分析城乡一体化中的矛盾与问题、统筹协调——统筹城乡资源，促进均衡发展推动具体工作实践、恒心尽力——以持之以恒的态度推进城乡一体化、批判创新——在批判中发现问题，在创新中寻求突破，并依据这四个原则推动具体工作实践。

第六章　系统调整篇：系统把握产业链辩证调整经济发展模式

党的二十大报告提出全面推进乡村振兴，强调发展新型农村集体经济，这是实现中国式现代化和共同富裕的重要路径。以乡村振兴为抓手，推动农业增效、农民增收和农村繁荣，缩小城乡发展差距，实现共同富裕为核心目标。

昌邑市积极响应国家号召，深度融入山东省国家农业综合开发区（农综区）建设，其中柳疃镇青阜村及周边地区的“村企社共建”模式具有代表性，其主要特点有以下几点。

1. 目标定位：以实现共同富裕为目标，立足本地资源禀赋和客观条件，探索乡村振兴的有效路径。

2. 实践举措包括产业链升级与农业综合体建设：系统把握农业产业链的延伸与升级，推动农业从传统模式向高附加值模式转型；高标准打造农业综合体，整合农业生产、加工、销售等环节，提升农业整体效益。

3. 实践成效：实现了农业发展由量变到质变的突破，蹚出了一条可参考、可复制、可推广的乡村振兴新路子，推动农业提质增效、农民增收致富、农村美丽宜居。

一、发展背景

从2006年的《“十一五”规划纲要》首次提出18亿亩耕地红线；到2013年的中央农村工作会议上针对农村发展所强调的：农村不能成为荒芜的农村、留守的农村、记忆中的故园。从2018年习近平总书记在参加十三届全国人大一次会议山东代表团审议时强调指出，要充分尊重广大农民意愿，调动广大农民积极性、主动性、创造性，把广大农民对美好生活的向往转化为推动乡村振兴的动力，把维护广大农民根本利益、促进广大农民共同富裕作为出发点和落脚点；到2022年的《全面推进乡村振兴重点工作的意见》强调实行耕地保护党政同责，严守18亿亩耕地红线。“民以食为天”，在现实生活中，我们必须把关系十几亿人饭碗的粮食安全牢牢掌握在自己手里，通过拓展和提升耕地品质，提高粮食产出，打牢乡村振兴的基础，铺平推进共同富裕的第一道门槛。

以山东省昌邑市为例，其北部沿海滩涂面积大，盐碱滩地多，卤水储量居全国前列。

对于土地面积本就有限的昌邑市而言,有效耕地显得捉襟见肘。如何实现土地性质的转变、扩大耕地面积、提升粮食产出,成为一大难题。

青阜村作为盐碱滩上的村庄之一,位于山东省昌邑市柳疃镇。20 世纪初,村庄有三百余户,一千多人,集体耕地面积 3 600 亩。然而,这里土地盐碱化严重,淡水资源匮乏,缺乏灌溉条件,碱化度较高的地方几乎寸草不生。“春天白茫茫,秋季水汪汪,十年九不收,靠天来吃粮”,“春不见草秋不见果,提水即可晒盐”,曾是当地农民对盐碱地的真实写照。村民们在这片贫瘠的土地上分散耕种,常常辛苦一年却收成寥寥,难以满足生活需求,只能望天兴叹。对于这片广袤的盐碱滩地,过去历届市委、市政府动员全县人民采取了多种发展途径,如大力发展盐化工、滩涂养殖和土地整理等,力求突破发展瓶颈,但效果有限且难以持续。

青阜农业综合体发起人孙德东是一位土生土长的青阜村人,生长在这片盐碱地上,他深知土地对于农民的意义。年少时,他就立志要彻底改变这块盐碱地的贫瘠状况,变滩涂为粮仓。1988 年,孙德东从军队复员后回到当地供销社工作。他提出仿照河北正定县将滹沱河滩涂治理成良田的成功经验,尝试改良青阜的盐碱地,但由于文化技术水平和经验的不足,初次尝试以失败告终。

20 世纪 90 年代,孙德东赶上了创业大潮,离开供销社后开起了化工厂,并承包盐业公司,逐渐积累起第一笔财富,成为一名成功企业家。然而,村里荒芜的盐碱地始终是他心头的一块心病。2015 年,孙德东被村民推选为村主任。为了彻底改变青阜村“靠天吃饭”的局面,他决心将盐碱地变成粮仓,让广大村民过上脱贫致富的好日子。于是,他拿出多年经商的全部积蓄,招商引资,在村里承包盐碱滩涂,开始规模化的种植改良。

在发展初期,民间资本看到昌邑市北部沿海化工企业对卤水资源的开发提高了村内土壤的淡水化程度,认为有发展前景,便积极投资入股。然而,在经历多年入不敷出的失败后,合作商失望解约,给当地村民的主观意愿带来了负面影响。但孙德东并未因此退却,而是立足客观实际,广泛调研,深入考察总结,多方咨询求教,将村内一、二、三产业链仔细捋顺,在把握重点、科学谋划的基础上,终于探索出一条系统调整土地资源、稳步提升土壤质地、实现提质增效的科学道路。

由于青阜村盐碱地的土壤盐分过高,要想种出粮食,必须先用淡水浸泡田地以降低土壤盐分。为此,孙德东决定利用化工企业对卤水资源开采后土壤表面淡化的水质,通过引流附近潍河的淡水进行灌溉,以保持并提升土壤质量。一方面,他利用村里的老旧湾塘改造成蓄水池,专门为青阜村存储淡水;另一方面,他计划通过地下管道将潍河水引到蓄水池。孙德东最初认为,只需埋设一些管道引水,大家共同努力就能实现。然而，工程启动后，他遇到了重重困难。潍河距离青阜村的直线距离近20公里，中间隔着17个村庄，还有铁路、高速公路等障碍。村里许多居民并不相信他能完成这件事，因为耗资巨大且涉及乡村间、与政府的复杂问题，并非仅靠资金就能解决。

但孙德东并未放弃引水改田的想法。经过多方沟通协调，他充分把握国家良田发展政策，积极向政府建言献策，最终使他的规划蓝图得到了昌邑市各级政府和昌邑市水利局的大力支持。昌邑市水利局先后进行了6次技术论证，多次实地勘察测量，并出具了项目论证报告，为工程顺利建设提供了有力保障。由于工程规模庞大，最终在昌邑市委、市政府和柳疃镇委、镇政府的帮助下，花了2年时间铺设管道，将20公里外的潍河水引入蓄水湾塘。这一工程使早已备好的蓄水湾塘以活水连接成片，淡水储量超过600万立方米，可直接灌溉农田。

取得初步成效后，孙德东以现实的成功案例积极劝说群众，引领村民加入农田改造的队伍中。在孙德东的带动下，经过7年的调整发展，青阜农业综合体以粮食生产为核心，通过大规模流转土地、改良盐碱地等方式，改善了耕地质量，提高了农业生产的规模化和集约化水平，增加了耕地面积，有效提高了粮食产量。昔日的盐碱滩如今已变为一眼望不到尽头的沃野良田，小麦亩产达600公斤以上，创造了当地盐碱地小麦的高产纪录，真正将盐碱滩涂变成了大粮仓。

同时，青阜农业综合体积极引进战略投资者，与中华全国供销合作总社进行战略合作，从单纯的规模化经营转向注重科技投入和创新，拓宽产业链，积极发展农副业，实现经济倍增。此外，青阜农业综合体注重人才培养和融合发展，向全产业链延伸现代科技，大大提高了农产品的附加值，有效增加了农民收入，打造出跑在全国前列的成熟现代农业发展模式，引领广大村民走向共同富裕。

青阜农业综合体的成功经验得到了广泛关注。《人民日报》《经济日报》《农民日报》以及中央电视台《新闻联播》等媒体均对其进行了宣传报道。2022年全省盐碱地马铃薯绿色高效栽培技术现场观摩培训班、2021年全国棉花提质增效现场会议、潍坊市2021年中国农民丰收节、潍坊市第三届农民趣味运动会等多项重要活动均在青阜农业综合体成功举办。2021年10月，柳疃镇作为唯一乡镇在“打造乡村振兴齐鲁样板”平行论坛上作了典型发言，并为2022年山东省抓党建促乡村振兴现场推进会提供观摩现场。

在青阜农业产业的带动下，柳疃北部沿海居民生活发生巨变，人居环境持续改善，乡村文明蔚然成风。青阜村先后获评“全国文明村”和第二批全国乡村治理示范村，成为乡村振兴的典范。

二、做好“四篇文章”，着力解决瓶颈制约和增产难题

面对北部沿海大面积粮食低产田和盐碱滩，青阜农业综合体以打造“天下粮仓”为目标，通过大规模流转改造低产田和盐碱地，着力提升粮食产量、保障粮食安全。

第一，深入调研、综合分析，做好要素保障文章。

正如习近平总书记强调的：“人的命脉在田，田的命脉在水，水的命脉在山，山的命脉在土，土的命脉在林和草。”青阜村立足这一科学论断，围绕“水土”核心要素精准发力。

1. 破解要素难题：经过多年探索，形成了以“引水蓄水—提取卤水—深翻土地—淡水压碱—作物吸盐—培育良种”为核心的盐碱地改良“六步法”，将大型卤水储区改造成沃野良田，实现资源保护与增收致富双赢。

2. 构建水利体系：投资 1.7 亿元实施潍河引水工程，铺设地下管道 51.4 公里，开凿机井 40 眼，引 20 公里外淡水入田；投资 2 000 万元建设 37 座防渗水库湾塘，创新打造“海绵农田”系统，实现雨洪资源化利用，总蓄水量达 600 万立方米；依法开发地下卤水资源，兼顾工业收益与土地改良。通过地表引水、地下抑碱的系统工程，根治了困扰昌北地区百年的“水源短缺—海水倒灌—土地泛碱”恶性循环。

3. 改良土壤结构：独创深度翻耕技术，将传统 15 厘米浅耕提升至 70 厘米深耕，有效破除盐碱“板结层”，并通过成方连片的 300 至 500 亩治理单元实施大水压盐，改善土壤渗透性，建立良性生态循环。

4. 生物协同治理：建立“苜蓿—棉花—粮食”轮作体系，利用耐盐作物梯度吸盐。联合中国农科院等科研机构选育耐盐碱新品种，成功实现从“治理土壤适应作物”到“选育作物适应土壤”的战略转变。

通过系统治理，累计改良盐碱地 6 万余亩，重盐碱地块含盐量从超 10‰降至 3‰以下，粮食亩产提升 400 斤以上。2021 年培育的无公害盐碱大米通过电商平台实现每斤 8 元溢价，土地综合收益率提升显著，创造了盐碱地“由荒转丰”的现代农业典范。

第二，立足客观、因地制宜，做好规模种植文章。

客观实际决定发展需求。随着现代农业发展和农业劳动力减少、老龄化问题凸显，普通农户在生产中面临“办不好、办不起、办不成”的困境，亟须通过组织化规模经营破解“谁来种地”难题。青阜农业综合体创新采用“土地流转+土地托管”双轮驱动模式。

1. 整合资源：以“龙头企业+合作社+基地+农户”的村企社共建机制，带动全镇 17 个村庄整村土地流转，托管范围覆盖龙池、卜庄等周边乡镇，整合盐碱地超 10 万亩（粮食种植占比 62%）。

2. 科学种植：因地制宜推行玉米、小麦、棉花等八大作物多元化种植体系，实现从播种到管理的全程标准化。

3. 增产实效：核心区 2.3 万亩小麦单产稳定在 580 公斤/亩，年增幅持续高于昌邑市均产 20%，创盐碱地小麦高产纪录。

通过规模经营赋能，土地利用率提升 37%，户均年增收 1.2 万元，走出了一条“低产田变吨粮田”的现代农业发展路径。

第三，智能发展、实践第一，做好智慧农业文章。

发展有其内在规律。青阜农业综合体的壮大不仅源于“藏粮于地”，更在于践行“藏粮于技”理念，以智能化引领现代农业发展。综合体投资 2 500 万元建设青乡为农服务中心，构建大数据智控系统：通过智慧大屏与手机 APP 实时监测作物长势、土壤墒情、肥力、光照及温湿度等指标；建立数据采集与研判机制，为农业生产提供精准指导；实现信息技术与生产、经营、管理深度融合，作物产量持续高于区域均线。这一智慧农业模式为农业增产、农民增收提供了可持续的科技支撑，开辟了现代农业发展新路径。

第四，科研主导、总结提升，做好科技研发文章。

量变引发质变。在破解“谁来种地”难题后，青阜农业综合体聚焦“如何种好地”，依托规模优势深化产学研合作，构建起农业科技创新体系：建立技术研究中心、科研工作站和病虫害监测站等多维研发载体；柔性引进 20 余名农业科技专家，组建研发团队；与青岛农业大学共建抗病虫害小麦育种基地，联合山东省农科院设立鲜食玉米产业技术研究院；承担 2 万亩省级有害生物专业化防控示范区建设任务，建立病虫害防治实验室，使病虫害发生率降低 60%，为粮食增产提供了坚实技术支撑。通过科技创新驱动，粮食产能提升 35%，亩均增效 800 元，为现代农业高质量发展提供了可复制、可推广的技术范式。

三、创新“五种模式”，着力解决产业链条短的问题

青阜农业综合体坚持“粮经饲统筹、农林牧结合、种养加一体、一、二、三产业融合”发展思路，通过延伸产业链、提升价值链，构建现代农业产业体系。

第一，创新“农业+企业”模式，促进共同富裕。

青阜农业综合体深耕农产品深加工领域，发展面粉加工、秸秆饲料加工、苜蓿青储、杂粮包装等多元业态；打造“青阜农业”系列产品，其中“天然面粉”获市场高度认可；秸秆饲料与苜蓿青储年收益超 1 800 万元，实现“农产品—商品—品牌”的价值跃升。通过产业融合发展，农产品附加值提升 45%，带动农户年均增收 1.5 万元，走出了一条“产业兴农、品牌强农”的共同富裕之路。

第二，创新“农业+研学”模式，赋能共同富裕。

青阜农业综合体构建“四位一体”农业教育服务体系：打造智能控制、科研培育、农耕文化展示、教育培训四大中心，建成综合性农业研学基地；开展“面对面”技术培训，实现“零距离”农技服务；累计培训本地村民及外地农技人员 1 200 人次，农业新技术推广转化率达 85%，带动区域农业科技贡献率提升 15 个百分点。通过“产学研用”一体化发展，打造了农业技术普惠新模式，为现代农业高质量发展提供了人才支撑和创新动力。

第三，发展“农业+旅游”模式，助推共同富裕。

青阜农业综合体携手山东青鸟图腾文化旅游公司，创新打造农旅融合项目：开发“阜地沃波”“稻香渔歌”等特色农旅融合产品；推行“公司+农户”联合经营机制，构建“观光-休闲 62 餐饮”一体化服务体系；累计接待游客逾 2 万人次，带动周边农户年均增收 8 000 元，乡村旅游收入突破 500 万元。通过农旅深度融合，成功打造特色乡村旅游目的地，探索出一条产业兴旺与农民增收互促共进的新路径。

第四，深化“农业+互联网”模式，拓展共同富裕。

青阜农业综合体加速“互联网+”战略实施：平台建设：对接全国供销社“供销 e 家”及省、市供销社电商平台，构建农资、农产品两大社区电商平台；打造“网络+实体+配送”三位一体运营模式，实现线上线下融合发展；2019 年以来线上销售额突破 2 000 万元，电商渠道占总销售额比例提升至 35%，带动农产品流通效率提升 40%。通过数字化赋能，突破传统农业销售瓶颈，开辟了农业增效、农民增收的新渠道。

第五，打造“农业+节会”模式，拓宽共同富裕。

青阜农业综合体充分发挥资源优势，构建多层次节会体系：承办潍坊市农民丰收节等重大活动，创新举办“苜蓿美食节”等特色节庆；以节会为平台，展示农业科技、产业成就和乡村振兴成果；年吸引游客 5 万余人次，带动相关产业收入 1 500 万元，实现“聚人气、促交流、引投资”的多重效应。通过节会经济赋能，有效提升区域农业品牌影响力，为现代农业发展注入新动能。

四、探索“三条路径”，着力解决投入渠道窄的问题

青阜农业综合体探索多元化资金投入机制，通过“工业反哺+社会资本+政策支持”三管齐下，构建农业农村发展新格局。

第一，工业资本深度反哺，引领农业振兴。

发起人孙德东立足本土企业家责任，积极参与工业反哺农业新实践：累计注资 3 亿元，将盐化企业积累的工业资本转化为农业综合体的发展动力；推动区域农业规模化、

现代化发展，为共同富裕提供示范引领。

第二，社会资本广泛参与，激活乡村发展。

青阜农业综合体创新投融资模式，吸引社会资本助力乡村振兴：采用 BOO 模式，完善使用者付费回报机制，总投资 1.08 亿元；成功承办财政部与省财政厅 PPP 助力乡村振兴现场会，2023 年力争举办全国现场会，探索出社会资本参与乡村振兴的新路径。通过多元资金渠道，综合体显著提升了农业基础设施水平，为农业农村高质量发展提供了有力支撑。

第三，整合政策项目，夯实发展基础。

青阜农业综合体积极争取政策支持，构建政府资金引导机制：实施高标准农田建设、渤海粮仓科技示范工程、节水灌溉等重点项目，建成高标准农田 1.3 万亩；累计获得上级财政资金 1 000 余万元，年均种粮补贴超 300 万元；专项资金用于农机购置、配套设施升级等，显著提升了农业综合生产能力和效益水平。通过政策资金撬动，综合体年均增收 15%，为现代农业发展提供了坚实保障，探索出政策赋能乡村振兴的有效路径。

五、用好加减乘除“四法”，着力解决生态环境差的问题

青阜农业综合体聚焦生产方式、路网林网、人居环境、乡风文明等重点领域，通过“加、减、乘、除”四法并举，绘就现代农村绿色文明新画卷。

第一，实施化肥农药“减法”，推动科学致富。

青阜农业综合体大力推进“沃土工程”，创新农业绿色发展模式：全面推广测土配方施肥、水肥一体化及滴灌、微喷等高效节水灌溉技术；智能配肥面积达 3 万亩，水肥一体化覆盖 1.6 万亩，实现节水 50%以上，肥料利用率提升超 30%；年均节约种植成本 1 800 余万元，为农业生产注入绿色动能。

第二，加强路网林网“加法”，助力高效致富。

青阜农业综合体将基础设施作为农业提质增效的关键抓手：投资 1 200 万元，新建及整修农田道路 37.1 公里；栽植刺槐、白蜡等苗木 100 余万株，构建“三纵十一横”路网林网体系；形成脉络分明、条块清晰的种植格局，打造生态与效益并重的大田景观。

第三，打造宜居宜业“乘法”，实现有序致富。

青阜农业综合体辐射带动青阜村全面提升人居环境：投资 100 余万元，新建道路 1 200 米，安装中国风路灯 86 盏，打造休闲公园 2 处；村庄道路硬化率、亮化率、环卫托管率达 100%，绿化率提升至 65%，卫生厕所改造率达 95%；周边村庄改厕率超 90%，通户道路硬化率达 100%，清洁取暖普及率稳步提升，村庄内外颜值与气质显著提升。

第四，实施除弊布新“除法”，提升致富质量。

青阜农业综合体着力培育文明乡风，增强乡村发展软实力：通过修建村图书馆、群众大舞台等设施，丰富群众精神文化生活；开展劳动能手、文明家庭评选，倡导文明新风，消除陈规陋习；以良好村风民风提升现代农村内涵，为共同富裕注入文化动力。

六、统筹推进“两个增收”，着力解决实现共同致富的问题

青阜农业综合体以“社村企共建”为引擎，既做大“蛋糕”又分好“蛋糕”，统筹农村集体经济与农民增收，探索出协同发展、共同富裕的新模式。

第一，壮大村集体经济，夯实共富基础。

青阜农业综合体创新“三增”路径，推动村集体经济稳步提升。一是经营增收，促使现代农业体系激发活力。2017 年 10 月成立昌邑阜瑞农业发展有限公司，由丰瑞公司、青阜村委及村民共同持股；丰瑞公司以资金、设备、技术入股，村集体以蓄水湾塘、“四荒地”入股，村民以承包地入股，年利润 60%用于分红；2020 年分红 100 余万元，2021 年、2022 年均分红 200 余万元，青阜村集体收入连续三年超 100 万元。

二是土地增收，资源整合释放潜力。通过土地统一流转，整合沟渠路壕及闲散边角地块，新增耕地面积；灶户村通过土地整合新增耕地 1 100 亩，下一轮承包期后每年可为村集体增收 44 万元。

三是管理特色产业拓展空间，创造增收新机遇。依托生态观光农业，探索“爱情主题旅游+高中端民宿”模式；南五甲村发展乡间民宿，打造“宿在民居、乐在乡间、游在青阜”新场景，为村集体经济注入新活力。

第二，践行以人为本，促进村民增收致富。

青阜农业综合体创新增收机制，让农民多渠道分享发展红利。

1. 土地流转，稳收“基础金”：村民将承包地流转，每年每亩稳定增收约 400 元。对无法从事农业生产的老年人而言，这笔收入提供了基本生活保障。

2. 土地入股：共享“分红金”：青阜村 359 户村民以承包地入股，年均增收超 1 000 元。村民变股东，既获得持久收益，又增强归属感与参与意识，村庄凝聚力显著提升。

3. 托管服务：开拓“工资金”：通过土地托管模式，农户支付服务费用即可获得农业收益，同时腾出时间从事二、三产业，有效解决“打工与种地两难”问题。

依托这一模式，村民通过土地租金、股权分红、务工收入三重渠道，2022 年人均收入突破 3 万元，获得感与幸福感持续提升。

七、经验启示

全面推进乡村振兴是实现共同富裕的必由之路，青阜农业综合体以创新实践为乡村振兴与共同富裕的有机统一提供了宝贵经验。

第一，强化党建引领，锻造“共富头雁”队伍。

发挥村“两委”核心作用，打造敢闯敢试、善作善成的基层干部队伍，依托“综合党委+社区党委+党支部+企业+合作社+农户”模式，党员干部带头领办合作社，推动土地流转与民事协调，为综合体健康发展提供坚实保障。

第二，创新“农业+”模式，激活振兴动能。

通过土地集中流转、生产托管等方式，健全农业社会化服务体系，提升农业效益；投资 1.2 亿元购置 300 台（套）先进农机装备，实现全程机械化作业；投资 1 000 余万元建设粮食烘干塔与储存库，形成耕、种、管、收、烘、储、销一体化服务链，提升粮食安全保障能力。

第三，深化改革创新，激活发展动能。

青阜农业综合体通过机制创新与资源整合，探索出乡村振兴与共同富裕的实践新路。

1. 科技驱动：围绕盐碱地改良“六步法”，提升节水、节肥技术，向科技要产能、要效益。

2. 机制突破：深化农业供给侧结构性改革，健全社会化服务体系，创新农户与新型经营主体利益联结机制，推动“资源变资产、资金变股金、农民变股东”。

3. 智慧赋能：统筹土地、人力、资金等要素，构建大片区发展格局，实现联村联片共建共治共享，释放“1+1>2”的集聚效应。

第四，汇聚社会力量，构建多元保障。

青阜农业综合体以“基在农业、利在农民、惠在农村”为目标，健全农村一、二、三产业融合机制，确保集体资产保值增值；通过工业企业反哺、国有资本参股、社会资本参与、政策项目支持等多渠道筹资，构建多元化投入格局；实现资金高效利用、群众真实受益、多方共赢的良好局面，为乡村振兴提供坚实保障。

第七章　重点突出篇：充分把握县域优势资源促进经济发展

把握自身优势资源，以此为重点打造亮点项目不仅是县域基层发展的捷径，也是实现高质量发展的通途。这里以山东省昌邑市“潍水田园综合体”项目的开发过程为例进行解读。

“田园综合体”这一概念源于2012年田园东方创始人张诚发表的论文《田园综合体模式研究》。基于对农村社会发展形态的研究，张诚结合北大光华EMBA课题，在江苏无锡市惠山区阳山镇和社会各界的大力支持下，在“中国水蜜桃之乡”阳山镇落地实践了第一个田园综合体项目——无锡田园东方。2016年9月，中央农办领导考察指导该项目时，对这一模式给予高度认可，并被写入2017年中央一号文件，即《中共中央、国务院关于深入推进农业供给侧结构性改革加快培育农业农村发展新动能的若干意见》。文件第三部分“壮大新产业新业态，拓展农业产业链价值链”中明确提出：“支持有条件的乡村建设以农民合作社为主要载体、让农民充分参与和受益，集循环农业、创意农业、农事体验于一体的田园综合体，通过农业综合开发、农村综合改革转移支付等渠道开展试点示范”。从此，把握地区特色，打造“田园综合体”成为很多地区乡村新型产业发展的亮点工程。

与此同时，2017年党的十九大报告指出：农业农村农民问题是关系国计民生的根本性问题，必须始终把解决好“三农”问题作为全党工作的重中之重，实施乡村振兴战略。随后，2018年中央一号文件《中共中央国务院关于实施乡村振兴战略的意见》将乡村振兴提高到国家顶级战略层面。同年3月的《政府工作报告》强调要大力实施乡村振兴战略。随后，中共中央政治局于5月31日召开会议，审议《国家乡村振兴战略规划（2018—2022年）》。9月，中共中央、国务院印发了《乡村振兴战略规划（2018－2022年）》，并发出通知，要求各地区各部门结合实际认真贯彻落实。至此，在促进乡村振兴的战略中，打造田园综合体成为一些特色地区的优先选择，并争相开展试点工作。

一、昌邑市“潍水田园综合体”项目简介

昌邑市“潍水田园综合体”项目正是在国家政策与地方特色相结合的背景下，把握

政策方向,深入贯彻落实中央及上级党委实施乡村振兴战略的部署要求,抢抓国家田园综合体试点重大机遇而推进的。作为山东省唯一的省级田园综合体试点项目,总投资达 50 亿元,总占地 20 多平方公里,围绕核心区域、辐射带动和生态景观三大板块进行规划建设,形成了“一带一核两翼”的发展架构。

项目核心区域占地 5 000 亩,重点打造“六区三园一中心”,包括现代农业组团、加工物流组团、大健康产业组团、养老产业组团、研学教育组团和文旅休闲组团。项目于 2017 年启动,旨在通过农业增效、农民增收、农村增绿,探索推进农村经济社会发展的新模式、新业态、新路径。

在规划阶段,项目团队深入研究地方发展实际情况,充分挖掘自身潜力,深入学习政策,高标准规划设计方案。经过专家评审一致通过后,该项目在山东省 14 个竞争立项项目中脱颖而出,成为全省唯一的省级田园综合体建设试点项目。

“潍水田园综合体”依托紧邻潍河的天然优势,集循环农业、创意农业、农事体验等于一体,以“农业”为出发点,以“富农”为落脚点,积极打造乡村振兴新品牌。此外,项目还与多家国内外知名企业和科研机构建立了合作关系,如恒大集团、首农集团、美国康奈尔大学和英国诺丁汉大学等,进一步推动了科技创新和产业发展。项目区的突出亮点包括农业嘉年华项目和齐鲁智农谷加工物流园区项目,成为推动区域经济转型升级的重要引擎。

农业嘉年华项目是拓展都市现代农业形式、发展方式与运行模式的全新探索与首创实践,主要通过科技创新与文化创意,将嘉年华形式融入农业活动。项目分为以下三大板块.

第一,智能研学板块。

由 3 座丰收塔组成,总占地面积 8 600 平方米,总投资 4 000 万元,分别规划为“未来农业馆”、“玫丽生活馆”和“筑梦姜来馆”:未来农业馆,与北京市农林科学院合作,运用植物生长监控技术、云耕课堂、VR 体验、未来视窗等功能,向青少年展示高科技农业前沿生产技术;玫丽生活馆与筑梦姜来馆,以高附加值玫瑰和昌邑大姜为主题,通过科学种植与农事体验,打造特色农产品文化空间。

第二,高效组培板块。

由 3 座连栋玻璃温室组成,投资 3 540 万元,占地面积 1.6 万平方米。与潍坊市农科院合作,充分发挥其在种质资源、良种培育、农产品安全等方面的优势,开展农作物新品种组培选育、设施农业新技术研发,以及新优特果树与观赏植物的繁育,辐射带动周边地区农业种植结构调整,推动区域经济与现代农业快速发展。

第三,示范种植板块。

以“绿色、有机、生态、环保、科技”为理念，投资 1 800 万元建设 14 座第六代现代农业日光温室大棚，总占地面积 5.5 万平方米，其中 2 座为玻璃种植温室大棚。主要种植草莓、西红柿等作物，打造集栽培种植、休闲采摘、成果推广于一体的农产品生产示范基地。

齐鲁智农谷加工物流园区项目总投资 2.1 亿元，总占地面积 200 亩，建筑面积 7.5 万平方米。项目将地区特色产业与服务业前沿技术深度融合，打造品牌优势。项目以智慧物链信息产业港为龙头，以姜产品深加工和中草药加工为基础，广泛运用物联网、大数据平台、云计算、区块链、冷链物流、科研、电商、金融等技术，全面覆盖生产、经营、管理和服务等环节，构建“产业链相加、价值链相乘、供应链相通”的三链重构模式，辐射带动昌邑市及山东半岛的生姜加工与物流配送，建设品牌化、流程化、智慧化的加工物流综合园区。

在战略合作方面，园区与阿里巴巴旗下的“菜鸟云仓”深度合作，依托“菜鸟网络”的数据资源与大分析能力，进一步完善区域农业生产规划，明确加工方向，拓宽销售渠道，实现生产加工、仓储管理、产品销售等环节的全面提档升级。

该项目通过推动农村一、二、三产业深度融合，延伸生姜产业链条，打造全国独树一帜的生姜龙头品牌形象，不仅满足国内市场需求，还为进军国际市场奠定了坚实的产业基础，有力促进了区域农业增效、农民增收与农村繁荣。

二、昌邑市“潍水田园综合体”项目立项思想

“潍水田园综合体”项目以习近平新时代中国特色社会主义思想为指导，依托马克思主义哲学本体论、认识论、方法论的基本原理，从客观实际出发，坚持实事求是，积极学习借鉴，取长补短，主动发现并解决现实问题。项目以发展的眼光瞄准未来需求，致力于实现可持续发展。

在具体实施过程中，针对昌邑市地处潍河流域、属于富水平原的生态环境特点，以及位于山东半岛腰部、交通密集但辖区狭长、南北种植业差距较大的区域现状，项目团队深刻认识到第一产业实现跨越式发展的难题。基于此，充分发挥自身特色，积极申报建设“潍水田园综合体”，以点带面，有效推动乡村振兴发展。

立足区域环境客观现状进行规划布局。根据马克思主义哲学本体论“物质决定意识，意识反作用于物质”的原理，“潍水田园综合体”的规划首先应当符合当地条件需求，其次应当坚持可持续发展。项目位于昌邑市石埠经济发展区，西依潍河，北靠青山，南至博陆山，地处昌邑潍河的核心和主轴地带，水力资源丰富，土地平缓，种植结构相对单一，但拥有特色种植作物。同时，项目区作为潍坊市的“东大门”，交通条件十分便

利，属于潍坊半小时经济圈和青岛一小时经济圈，具备显著的物流优势。针对项目区的区域环境客观条件，既适合流转土地进行规范化经营，又能够发挥特色种植优势，延长相关农副产品产业链并提升附加值。项目建成后将成为区域发展的重要增长极，带动和激活整个潍河周边区域的产业升级与高质量发展。

针对项目操作中发现的问题系统推进建设。根据马克思主义哲学认识论“在实践过程中发现问题、分析问题以指导实践进而解决问题”的原则，“潍水田园综合体”首先应当树立“实践—认识—实践”的思想，通过反复实践明确项目推进的科学性，确保问题得到有效解决，避免在操作过程中出现“生搬硬套”或“听风是雨、急于求成”的现象，而是注重协同推进，提高效率。

对项目本身而言，这既是一项解决“三农”问题的普遍性工程，也是一项顺应经济社会发展规律、推动三产融合的系统性工程，同时还是一项“集循环农业、创意农业、农事体验于一体”、实现人与自然和谐共生的特殊性工程。项目自 2017 年 9 月正式开工建设以来，始终坚持土地流转与道路硬化、园区迎宾门等基础设施同步推进，及时与相关科研院所对接合作，后期工程规划充分调研论证，注重加强一、二、三产业工程项目的协调性，确保项目科学有序实施。

根据马克思主义哲学方法论，即唯物主义辩证法的“矛盾”、“联系”、“发展”、“批判”四原则，“潍水田园综合体”项目通过矛盾统一性原理处理各项问题，通过整体与部分、系统与要素的原则协调各方关系，通过量变与质变的原理提升产品品质与发展空间，通过自我否定实现产业链的检验与拓展。

基于“潍水田园综合体”的新乡村是具有自然、社会、经济特征的地域综合体，兼具生产、生活、生态、文化等多重功能，与城镇互促互进、共生共存，共同构成人类活动的主要空间。全面建成小康社会和全面建设社会主义现代化强国，最艰巨最繁重的任务在农村，最广泛最深厚的基础在农村，最大的潜力和后劲也在农村。发展田园综合体，探索实施乡村振兴战略，是解决新时代我国社会主要矛盾、实现“两个一百年”奋斗目标和中华民族伟大复兴中国梦的必然要求，具有重大现实意义和深远历史意义。

实施乡村振兴战略是建设现代化经济体系的重要基础，是建设美丽中国的关键举措，是传承中华优秀传统文化的有效途径，是健全现代社会治理格局的固本之策，是实现全体人民共同富裕的必然选择。

三、昌邑市“潍水田园综合体”项目具体做法

“潍水田园综合体”是昌邑市深入贯彻落实中央及上级党委实施乡村振兴战略部署的重要举措，抢抓国家田园综合体试点重大机遇，深学政策、高点规划，被确立为山

东省唯一的省级田园综合体建设试点，并获得上级扶持资金 1.7 亿元。2018 年，项目被列入山东省乡村振兴重大项目库；2019 年，被列为山东省省级重点项目，并确定为山东省田园综合体地方建设标准。

项目基于客观条件，规划建设核心区、生态景观区、辐射带动区三大板块，覆盖 12 个村庄，惠及 1.3 万人。自 2017 年 10 月正式开工建设以来，已累计完成投资 4.8 亿元，各子项目建设进展顺利，核心区基本框架初步形成。项目全部建成后，将聘请国内高端运营管理团队进行专业化运营管理。在确保企业自身利润的基础上，项目更加注重带动当地农民致富，与农民结成利益联合体，有效促进村集体经济发展壮大和农民增收，实现共建共享的发展目标。

第一，抢抓机遇，依据客观条件创新运营模式。

2017 年中央一号文件首次提出“田园综合体”概念，昌邑市敏锐把握这一发展机遇，不等不靠、积极作为，先后赴江苏无锡阳山田园东方、绍兴蓝城特色小镇进行对标学习，探索启动“潍水田园综合体”项目规划建设工作。同时，成立专门工作领导小组，赴省进京深入研读政策，高起点规划，攻坚克难争取立项，最终得到各级领导认可，经专家评审一致通过，成功列入山东省唯一的省级田园综合体建设试点项目。

在运营模式上，项目秉持“以农为本、共建共享、市场主导、循序渐进”的理念，经过多方筛选与反复论证，确定由实力雄厚的山东艾森集团成立专业公司——山东潍水田园农业发展有限公司，负责项目的投资建设与运营管理，确保资金保障与高标准规划实施。项目区位于昌邑市石埠经济发展区，北枕青山，南望博陆山，东跨胶莱河与青岛平度市为邻，西依“鲁北第一河”潍河与潍坊市寒亭区接壤，境内潍莱高速、309 国道横穿东西，属“潍坊半小时经济圈”和“青岛 1 小时经济圈”，区位优势显著。项目计划总投资 50 亿元，规划面积 20 平方公里，建设周期为 3—5 年，建成后将充分发挥区位优势和辐射带动作用。

此外，项目集循环农业、创意农业、农事体验于一体，在农产品种植加工、餐饮、住宿、康养、地产、教育等多个领域展开规划，推动终端型、体验型、循环型、智慧型“四型发展”，实现农业全环节提升、全链条增值、全产业融合，助力乡村振兴。

第二，高点定位、全面系统制定科学规划。

项目区规划建设三大板块，即核心区、生态景观区、辐射带动区，配套循环农业、文旅休闲、颐养康疗、加工物流等功能区，全力打造农业文化旅游“三位一体”、生产生活生态同步改善、一二三产深度融合、在北方地区可复制可推广的农业农村发展新模式。

1. 核心区规划：核心区规划面积 6 453 亩，投资 16 亿元，重点打造“一带一廊两翼三组团”。

一带，即“潍水滨河景观带”，融合乡土文化、田园文化、滨水文化，建设阳光沙滩、树屋营地、房车营地、滨水文化广场等休闲娱乐场所，打造特色滨水景观带；一廊，即“田园休闲体验廊”，建设连接南北片区的“如意长廊”，打造集旅游观光、花卉种植、婚纱摄影、休闲娱乐等于一体，“产、学、研、游”相结合的花海景观体验廊；两翼，包括“皇姜小镇”（以田园景观为基础，发展农业旅游、农事体验、种植采摘等休闲娱乐项目，建设潍乡现代农业园、森林公园等和“潍水童乡”）与“潍水童乡”（以田园景观为基础，发展农业旅游、农事体验、种植采摘等休闲娱乐项目，建设潍乡现代农业园、森林公园等）；三组团，包括“现代农业组团”（建设共享农庄、千亩大姜种植示范基地等现代农业项目）、“加工物流组团”（建设潍水田园智慧物链信息产业港，包括物流园区、展示中心、冷库、交易中心、姜产业深加工示范基地等）和“康养教育组团”（建设综合服务中心、游客接待中心、小镇商街、学校教育等项目）。

2. 项目进展：目前，齐鲁智农谷数科展示中心、现代农业温室、农业高科技项目、鱼菜共生系统已投入使用；丰收塔和智能玻璃温室项目已完成 90%；高标准农田建设、基础设施配套、小镇商街、14 个六代温室大棚、美丽乡村建设、农民培训学院等系统性项目正有序推进。

3. 农业嘉年华项目：作为探索都市现代农业实现形式、发展方式、运行模式的新实践，农业嘉年华项目通过科技创新和文化创意，将嘉年华方式融入农业活动，由智能研学板块、高效组培板块和示范种植板块构成，进一步丰富项目内涵，提升吸引力。

第三，整合资源，以点带面长远发挥带动作用。

1. 打造区域发展新节点：“潍水田园综合体”充分发挥其位于潍河沿岸、城乡接合处、潍坊市“东大门”的区位优势，联通东西、以点带面，带动和激活整个潍河区域的产业升级与高质量发展。同时，作为区域发展的重要增长极，该项目也是推进潍河流域保护性开发的关键抓手，对打造 200 平方公里潍河绿色发展长廊示范区具有重要作用。

2. 打造产业兴旺新引擎：项目区集循环农业、创意农业、农事体验于一体，通过空间创新推动产业优化和产业链延伸，促进一二三产深度融合，打造具有鲜明特色和竞争力的“新第六产业”，为区域经济发展注入新动能。

3. 打造生活富裕新支撑：项目聘请国内高端运营管理团队进行专业化运营管理，在通过现代农业、餐饮物流、旅游休闲、康养教育等项目保障企业利润的同时，更加注重带动当地农民致富，与农民结成利益联合体，实现资本性、资产性、劳务性、经营性“四大收益”。据初步估算，项目建成后可新增直接就业 800 人、间接就业 1 万人，吸引 3 000 人返乡创业。核心区农民仅靠土地流转和分红收益，每年每亩可增收 2 000 元。同时，项目还解决了养老难等社会问题，核心区内村庄 65 周岁以上的农民可免费享受养老服务,实现经济效益与社会效益、企业效益与群众效益的双赢。

4. 打造生态宜居、乡风文明和治理有效新样本:依托"潍水田园综合体",项目探索多元化聚居模式,打造城乡基础设施和公共服务均等化的示范区域。核心区内村庄成立劳务公司,由村党支部统一安排村民到综合体就业,进一步增强基层党组织凝聚力与战斗力,发展壮大集体经济,提升乡村治理水平。

四、规划实施与经验总结

"潍水田园综合体"在规划与实施过程中,"潍水田园综合体"充分挖掘现实环境的客观条件,发扬连续作战精神,迅速行动、倒排工期,高效率推进工作,确保了项目压茬、有序、快速实施,取得了显著先期优势。在具体操作中,项目秉持"自我否定"的态度,及时发现并解决问题,将潜在问题扼杀在萌芽状态,大幅提升了工作效率。整个过程坚持理论与实践相结合,注重提前谋划、及时总结、稳步推进,既取得了阶段性成果,也为后期工作的长远布局奠定了坚实基础,成为实现乡村振兴的有效实践。

第一,坚持优势条件优先利用。

物质条件决定社会意识,社会意识反作用于社会需求并引导社会发展。在新农村现代化建设过程中,必须立足现有客观环境,发掘自身特色优势和发展潜力,秉承经济基础决定上层建筑的原则,及时对接政策并延伸产业链。"潍水田园综合体"项目深入研究自身的优劣势,认真分析国家层面发展精神,积极对接相关政策,抢占先机。项目立足资源禀赋、区位环境、历史文化、产业集聚等比较优势,做大做强传统特色主导产业,推动一二三产深度融合,培育区域农业知名品牌,构建支撑田园综合体发展的产业体系。同时,结合最新科研成果,开展"三农"建设,为乡村振兴注入新动能。

第二,坚持基础工程同步推进。

依据联系的客观普遍性和特殊性,项目确定了合理的建设运营管理模式,形成健康发展的合力。通过完善区域内生产性服务平台,推动市场、资本、信息、人才等现代生产要素集聚,促进产业链延伸对接,助力农村新产业、新业态蓬勃发展。"潍水田园综合体"项目优化运行体系,提升工程效率。道路硬化亮化、园区迎宾门等基础设施同步开工建设,高科农业展示中心基本建成,景观植物栽植等工程有序推进,工程进度稳步提高。同时,项目妥善处理政府、企业和农民三者的关系,为田园综合体发展营造了良好的内外部环境。

第三,坚持关联项目齐头并进。

发展是一个量变与质变、前进性与曲折性相统一的过程。打造田园综合体在内容上强调现代农业产业发展,依托农业科技与农业产业链协同建设,既融合现代服务业,又发挥现代工业技术优势，促进产业聚集区和连片乡村区的农民创业增收。“潍水田园综合体”在推进过程中，坚持多项目协同发展：与美国康奈尔大学开展深度合作，引进5名博士，签约建设博士工作站，研发鱼菜共生项目；积极签约绿城集团，推进新型康养项目建设；打造特色产业规模优势和平台优势，稳步发展创意农业，利用“旅游+”、“生态+”等模式，开发农业多功能性；推动农业产业与旅游、教育、文化、康养等产业深度融合，强化品牌和原产地地理标志，为乡村振兴注入新动力。

通过多项目齐头并进，项目不仅提升了农业科技水平，还拓展了产业链价值，实现了产业增效与农民增收的双重目标，为田园综合体发展提供了有力支撑。

第四，坚持人与自然和谐共生。

党的十九大强调，“我们要建设的现代化是人与自然和谐共生的现代化”。人与自然是生命共同体，二者之间应保持可持续发展的良好状态。建设田园综合体，正是实现人与自然和谐互动的重要实践。“潍水田园综合体”项目以绿色发展理念为核心，注重保留绿水青山，积极推进山水田林湖整体保护和农业环境综合治理，推动生态文明健康发展。项目将主导农业产业发展、生态环境建设与乡村田园社区建设紧密结合，通过农民生产组织化、合作化等方式，确保农民在田园综合体发展中实现收益分配和就近就业，有效促进了生态效益与经济效益的有机统一。通过这一系列举措，项目不仅保护了自然生态，还实现了农业产业的可持续发展，为乡村振兴提供了生态与经济双赢的典范。

五、存在的问题和今后应当注意的要点

打造田园综合体既是解决当前“三农”问题的具体试点工程，也是顺应经济社会发展规律、推动一二三产融合发展的系统性工程，更是围绕小康社会建设目标和社会发展现代化功能定位的庞大实践工程。为稳步推进项目实施，需重点关注以下八大支撑体系，查找问题并制定解决方案，确保超前规划、稳步前进，以“昌邑样板”打响“昌邑”品牌，助力乡村振兴和现代化建设。进一步完善政策支持框架，确保政策落地实施，为项目提供坚实的制度保障。深化一二三产融合，培育特色产业，打造具有竞争力的农业品牌，提升产业链价值。推动农业生产现代化，推广先进技术，提高生产效率和质量，确保农业可持续发展。创新农业经营模式，支持农民合作社、家庭农场等新型经营主体，增强市场竞争力。坚持绿色发展理念，加强生态环境保护，实现人与自然和谐共生。优化项目管理机制，提升运营效率，确保项目稳步推进。完善公共服务设施，提升农民生活质量，促进城乡融合发展。探索多元化发展路径，延伸产业链，推动区域经济整体发展。通过系统化、规范化推进八大支撑体系建设，为“潍水田园综合体”的高质量发展

奠定坚实基础,为乡村振兴和现代化提供可复制、可推广的经验。

第一,存在的问题和缺陷。

作为试点项目,“潍水田园综合体”既存在已知问题,也面临未知挑战,主要体现在以下五个方面。

1. 基础设施问题:尽管项目坚持基础工程同步施工,但工程质量与进度的科学性仍需严格把控。若在基础设施建设中出现纰漏,后期的补充与改造将耗费大量资源,并可能对整体项目产生负面影响。特别是基础设施的跟进不足,将严重制约项目的后期建设与运营。

2. 整体效益问题:项目的核心目标是推动一二三产融合,实现富农和乡村振兴。然而,产业融合过程中存在诸多关键节点,任何一个节点的断裂或问题都可能影响产业链的顺畅衔接,最终制约整体效益的实现。

3. 持续发展问题:项目的可持续发展是决定其成败的关键。仅依赖现有特色产业和运营模式,或因循守旧、僵化不创新,可能导致“不进则退”的局面,使项目失去活力甚至“枯竭”收场。

4. 生态环保问题:生态环保是项目的重要依托,尤其潍河流域的水资源质量直接关系到周边群众的生活生产用水。同时,生态环保问题也是项目效益的落脚点。若未能做好生态环保工作,将对项目发展产生直接或间接的负面影响。

5. 开发过程中的“红线”问题:在项目拓展过程中,需严格遵守相关政策法规,避免触碰“红线”。例如,在潍河畔的开发中,必须保护基本农田,不能因短期利益而损害长期发展基础。

第二,今后发展应当注重的要点。

针对存在的问题和缺陷,在未来的规划落实与发展过程中,需重点关注以下四大要点。

1. 夯实基础,完善生产体系发展条件:按照适度超前、综合配套、集约利用的原则,充分梳理客观发展条件,查漏补缺、合理配置资源,集中连片开展高标准农田建设,夯实农业生产能力基础。同时,加大涉农资金整合力度,加强“田园+农村”基础设施建设,完善供电、通信、污水垃圾处理、游客集散、公共服务等配套设施。通过不断改善生产条件,满足田园综合体的发展需求和持续升级。以循序渐进的方式推动核心特色产业发展,为田园综合体的长远发展提供保障。

2. 因地制宜,扩大田园综合体的效益:积极扩大“潍水田园综合体”的辐射面、带动面和产业链。田园综合体虽以农业为基础和核心,但并非独立于经济社会体系之外,而是集一二三产于一体的综合融合体。它既需要工业体系的支撑,也需要第三产业的附加价值创造。需根据自身条件,深入分析三大产业的内在联系,扩大田园综合体的辐射面、带动面,并延伸相关产业链,推动区域经济整体发展。

3. 注重可持续性,及时引入新的发展主题:加强田园综合体的可持续性管理,以发展的眼光适时引入新主题。鼓励创业创新,积极培育新型农业经营主体,研发农业经营体系新动能。进一步完善农业社会化服务体系,通过土地流转、股份合作、代耕代种、土地托管等方式,促进农业适度规模经营,推动小农户与现代农业有机衔接。推进"互联网+现代农业",加快构建现代农业生产经营体系,确保田园综合体的可持续发展。

4. 坚持绿色发展,构建乡村振兴发展体系:牢固树立"绿水青山就是金山银山"的理念,优化田园景观资源配置,深度挖掘农业生态附加价值,统筹农业景观功能与体验功能,凸显宜居宜业的新特色。积极发展循环农业,推广生态环保新技术,促进农业资源节约化、废弃物减量化和资源化再利用。实施农业节水工程,加强农业环境综合整治,实现农业良性发展。在此基础上,拓展发展空间,推动相关产业链整体升级,助力乡村振兴。

第八章　拓展延伸篇：延伸优势经济的辐射面打造县域品牌经济

发展品牌经济是地区经济自古至今追求的目标。一个响亮的品牌能够凝聚潜在消费群体，带来源源不断的客源和收入。然而，品牌的树立并非一帆风顺，可能经历坎坷、失败甚至短暂辉煌。如何树立品牌并使其持久不衰，是地区经济发展面临的一道难题。以山东省昌邑市为例，昌邑丝绸的发展历史为当地两千多家纺织印染厂注入了恒久活力。丝绸作为中国的特产，是中国古代劳动人民的伟大发明，也是中华民族文化的重要载体之一。无论在国际还是国内，丝绸都与“昌邑”这一名字紧密相连。汉武帝派遣张骞出使西域，开辟了从长安（今西安）经甘肃、新疆到中亚、西亚，进而连接地中海各国的陆上丝绸贸易通道，开启了世界史上第一次东西方大规模商贸交流，中国因此被称为“丝国”。这条历史悠久的商路被后世称为“丝绸之路”，成为中西方商贸往来、文化交流的重要纽带。昌邑丝绸在丝路经济中的地位及其文化影响深远，为当地品牌经济的发展提供了宝贵经验，它在以下四个方面给我们带来了更多的启示与思考。

1. 文化传承与品牌塑造：昌邑丝绸的成功在于其深厚的文化底蕴。品牌经济应注重挖掘和传承地方特色文化，将其融入品牌价值中。

2. 历史资源与现代经济的结合：充分利用历史资源，如丝绸之路的经济文化影响，为现代品牌注入历史厚重感，提升品牌影响力。

3. 品牌维护与创新：在树立品牌后，需通过持续创新和高质量服务维护品牌形象，避免品牌价值流失。

4. 区域品牌与产业集群联动：昌邑丝绸的成功离不开纺织印染产业集群的支撑。区域品牌应与产业集群协同发展，形成规模效应。

总之，品牌经济的发展需要立足文化传承、结合历史资源、注重品牌维护、联动产业集群，才能实现品牌的持久繁荣。

一、丝绸与昌邑

（一）丝绸的起源与产业发展

丝绸之所以被称为中国古代的“发明创造”，是因为它并非大自然的天然产物，而是通过人工加工制成的工业品。自然界中的蚕具有吐丝结茧的特性,中国古人发现后,将蚕丝收集整理,经过缫丝、织造和染整等一系列工艺,最终制成舒适轻薄、吸湿保健的丝绸。这一过程标志着丝绸产业在中国的诞生。

(二)丝绸产业的工艺与演变

蚕丝是由含氮高分子化合物构成的长丝纤维。蚕在吐丝时,实际上吐出两根丝,凝固定形后合并成一根纤维。由于古代生产力水平有限,丝绸的制造完全依赖人工,耗费大量劳力,因此丝绸在古代贵比黄金。古时既有专业的纺丝织绸户,也有将其作为农副业的家庭,丝绸产业链覆盖面广泛。

进入近现代,随着科技的发展,丝绸行业的技术水平显著提升,尤其是在电脑、电子商务平台和现代化信息处理技术的支持下,丝绸产业实现了突飞猛进的进步。例如,电脑的普及彻底淘汰了沿袭百年的立缫车,大幅解放了人工生产力,提升了缫丝的自动化和精细化水平。机电一体化的应用使现代提花机和大圆机普遍安装电子提花装置,推动了丝绸行业向小批量、多品种的特色化经营模式转变。

(三)昌邑丝绸的历史与地位

昌邑市位于山东半岛北部,古称鄑邑、都昌,是著名的“丝绸之乡”和中国纺织产业基地。自周朝起,昌邑就有“养蚕织帛,捻线就织”的手工业传统,至今已有 3 000 多年的发展历史。明代以来,种棉织布成为昌邑地区的传统家庭手工业,形成了独特的丝绸文化和产业链。

柳疃镇是昌邑丝绸的重要发源地,其织绸历史已有 400 多年。由于地处昌邑北部,海潮与洪水灾害频发,传统农业难以维生,当地居民因此转向丝绸生产和贸易,较早形成了商品经济意识。清朝康熙年间,柳疃镇高隆盛村的高氏通过采购民间棉布运销北京致富,并开办了著名的“隆盛号”布庄。此后,昌邑丝绸名声日盛,成为全国闻名的丝绸品牌。

(四)昌邑丝绸的现代发展

今天的昌邑市拥有华宝纺织、华晨集团等大型化纤企业,以及同大海岛、凯泰超纤等超纤产业龙头企业。其产品质量和技术水平位居全国前列,市场占有率全国第二、全球前三,绒面超纤市场占有率达全国 90%以上。2021 年,昌邑超纤产业实现工业总产值 11.06 亿元,同比增长 41.61%,营业收入 10.34 亿元,同比增长 37.14%,成为亚洲最大的绒面超纤生产基地,成功打造了“中国棉纺城”品牌。

昌邑丝绸的历史与成就,不仅展示了中国传统手工业的智慧与创造力,也为现代丝绸产业的创新与发展提供了宝贵经验。通过科技赋能和文化传承,昌邑丝绸继续在全球化舞台上闪耀光芒。

二、昌邑市丝绸文化的绵延与丝路经济的拓展

随着丝织业技术的不断提升和经营模式的持续升级，产业链条也得到了不断拓展。特别是近代，随着原料的收集与产品的销售扩展，昌邑市丝绸文化依托丝路经济，从省内走向省外、从近郊延伸至远海，迎来了一段繁盛的发展时期。

第一，昌邑市丝绸文化的繁盛。

首先，按照蚕的食性不同，蚕丝分为桑蚕丝、柞蚕丝、木薯蚕丝、蓖麻蚕丝等诸多品种，而正是由于品种质量的不同，丝绸的价格也存在较大差异。昌邑市丝绸文化秉承质量第一的价值观，不断提升丝绸品质。嘉庆年间，今昌邑市柳疃镇姜家寨村姜士昌家族经销的棉布因质优价廉，被誉为“寨子布”，畅销直隶、河南诸省及西北少数民族地区。嘉庆初年，胶东地区栖霞一带率先改进了山茧绸的制线技术，将手工捻线改为纺车纺线，使山茧绸的产量和质量大幅提高，具备了成为大宗商品的条件。昌邑布业商人敏锐地发现了这一商机，纷纷前往坐庄收购，并利用已经成熟的北京棉布市场，将这种纺线织造的山茧绸转销国内各地，相关商号也转变为绸布兼营的绸布业商号。由于拥有了广阔的消费市场，山茧绸的商品化进程进一步加速。纺线与捻线织就的山茧绸因所用丝线粗细不匀，致使表面不平整，捻线绸还被形象地称为“疙瘩绸”。这两种绸子的消费群体主要是国内的普通百姓。为提高产品质量，扩大消费范围，昌邑绸商开始试验将柞蚕茧如同家蚕一样缫丝。经过不断改进，到道光末年，发明了柞丝缫丝技术，大大提高了生产力，缫丝织就的“柳疃茧绸”应运而生。这种茧绸色白或微黄，光润美观，吸湿性强，结实耐用且不怕水洗，深受社会中上消费阶层喜爱。柳疃茧绸的诞生，从本质上说是中国茧绸织造工艺的一次飞跃，中国柞蚕史的黄金时代也由此拉开序幕。

其次，昌邑市丝绸文化强调产销结合，促进了产业链的融合拓展。从明朝时期起，柳疃一带的群众就积极在田陌沟畔植桑养蚕、抽丝织绸。后来，绸布商人将胶东地区、鲁中南地区的丝茧原料运到当地，发放给农户或捻线，或纺线，从异地坐庄转向本地织造。随着产销关系的不断明确，这些丝绸商号将购进的原料发放给四乡农户，有缫有织，再根据加工工日费用和产品质量优劣等级，于月底或季末结算账目。这样，农户可从事无本的家庭手工业，以弥补农业收入的不足，而商号无需购置缫丝和织绸设备即可成为丝绸产品的厂家，逐步确立了一个社会加工、工贸相联的生产形式，建立起了一个由丝店、机户和机匠三位一体的生产体系。机匠受雇于机户，出卖劳动力，机户则根据丝店的来料和要求，加工出所需的丝绸产品，而拥有较大资本的丝店则通过放料取货、以货出售的方式从事商业经营。这种产销相联的经营方式对柳疃丝绸生产的发展起到了积极作用。至清朝末年和民国初年，昌邑柳疃柞绸交易发展到鼎盛时期，约占山东总

交易量的 60%，约占全国总交易量的 48%。今柳疃镇、龙池镇、卜庄镇的大部分村庄以及掖县、平度、潍县北部的不少村庄的村民都为绸店加工。民国初年，柳疃及周边的村镇，不计小户，仅拥有 20 台织机以上的商号就有 67 家，织机达 4 290 台，年生产茧绸 643 500 匹，工作人员约 10 000 人。

商业文化凝聚的鼎盛发展期。昌邑日益兴旺的茧绸贸易，特别是柳疃柞绸交易的发展，使柳疃南北大街两侧茧庄、货栈、炼坊等商号林立，顾客熙攘。胶济铁路更是大幅促进了内陆与沿海诸港口的沟通，使胶鲁接壤腹地的柳疃成了一个繁荣商埠，各地的商人云集而来，极大促进了商业文化的繁荣。钱庄、金银首饰店、当铺、中药铺应有尽有，车马行、镖局匾额硕大醒目，街巷住户也纷纷开设起各项服务性行业，通宵达旦，张灯结彩。小贩走街串巷的叫卖声，酒馆饭店的猜拳行令声，茶馆说书唱曲的卖艺声，融汇街市，回荡不息。清代王元廷《野蚕录》对当时柳疃的繁荣有着详细的记述："今之茧绸，以莱为盛，莱之昌邑柳疃集，为丝业荟萃之区，机户如林，商贾骈陛，茧绸之名溢于四远。除各直省外，至于新疆、回疆、前后藏、内外蒙古，裨贩络绎不绝于道，镳车之来，十数里衔尾相接。"，并提到"一切商业，亦无不仰承鼻息，随以周转，县城商业视之反若集镇"。《潍坊市志·综述·清》中记载："咸丰三年（1853 年），昌邑县柳疃街丝绸业大兴，外地商人争相到此经营，有商号百余家。"从中可见，当时的柳疃已成为衔接我省内各处经济的枢纽之地，成为昌邑的商业、金融业中心，成为中外闻名的丝绸之乡！

第二，昌邑市丝路经济的拓展。

首先是省内传播与省外拓展柳疃茧绸产业。胶东地区是山东省重要的柞蚕产区。为解决织绸原料紧缺问题，昌邑人陆续到胶东开办纩房、机房，雇用的职工绝大多数是昌邑亦工亦农的村民。他们多数利用春冬两季农闲时间，步行往返五六百里到胶东做工，名曰"行东山"，遍布半岛地区，尤其是栖霞、牟平、烟台，促进了织造技术在省内的传播。栖霞较有名的有"东协记"、"西协记"，掌柜分别是李明堂、李清堂，均为今柳疃镇辛安庄人；"聚丰"掌柜是今都昌街道刘家辛戈村刘奎元。牟平的柞蚕业仅龙泉汤庄就有纩房 11 家，工人 700 余名，以"春和成"、"广隆绣庄"规模最大，其掌柜、领作、职工均为昌邑人。烟台在 1912 年至 1945 年间，有 10 台木机和 20 台纩车以上的商号 16 家，以下的六七十家，几乎均为昌邑人；同时在城内还有昌邑人开办的或任掌柜的专门搞柞丝与蚕绸出口贸易的"义泰聚"、"同兴公"等栈房 7 处。辽东半岛是我国重要的柞蚕产地。清光绪中叶以后到民国中期，山东本省所产原料已经不能满足柳疃茧绸的生产需求。大量昌邑人到辽宁等地开纩房、办丝栈、设机房，史称"闯关东"，使其迅速成为柳疃茧绸最主要原料基地的同时，促进了织造技术的传播。1934 年《山东柞蚕业调查》一文称："清代中期以来，辽宁野蚕养殖业逐步扩展，到民国十二年，辽宁柞蚕的产量已经超过山东柞蚕的产量。但辽宁人民对柞蚕缫丝织绸技术缺乏，所用工匠仍雇用山东昌邑人。”辽宁的柞蚕产区集中在今西丰、宽甸、丹东等多地。西丰全境丘陵山地都有柞林，较出名的“德丰丝房”纩车多达240支，掌柜温希浩为今龙池白塔村人。宽甸位于辽宁东部山区、鸭绿江畔，被称为辽宁省的蚕乡。1928年，大约有千余昌邑人及胶东一带些许人因自然灾害等原因大量来此靠纩丝织绸维持生活。丹东是辽宁省柞蚕业的另一个集中地，昌邑人于光绪年间陆续来此开设纩房，到民国初年已拥有多家较大规模的昌邑丝织商号，较为著名的“复兴店”纩房在新中国成立后发展为“丹东丝绸二厂”。

其次是出口北面国家与旺销南洋。早在柳疃茧绸出现之前，昌邑商人已经将昌邑棉布和胶东栖霞一带所产的山茧绸销到了新疆、蒙古等地。柳疃茧绸出现后，昌邑绸商通过雇用骆驼装运柳疃茧绸，徒步西行经过张家口由西北地区跨越国界，将柳疃茧绸销售到苏联建立之前俄罗斯境内的莫斯科、彼得堡等主要城市，史称“上北国”，开辟了柳疃茧绸的北亚和东欧市场。宣统三年（1911年）后，因胶东形势不安定，许多缫丝的昌邑工人由东北经绥芬河横跨西伯利亚到俄国销绸，开辟了多条北行商道。但1917年俄国十月革命及1929年中苏“中东路之战”使绸商饱受摧残。1934年春，诸城籍文学家王统照乘船赴意大利时遇到同船赴意经商的“利顺公司”伙友今奎聚街道辛置村魏海洁等9人，通过闲谈了解到其中的艰辛经历，在他的《欧游日记》中做了详细记录。据王统照记载，这批昌邑绸商识字不多，受过高等教育的很少，但能讲各国语言的人不在少数，完全凭借一种不顾危险、不图安逸的团体冒险精神，足迹遍及海外。

从北行归国的昌邑绸商，大多数凭借丰富的经验，重新招募伙友，背起绸包继续海上的冒险历程。有的跨海到朝鲜、日本，时称“上东洋”；有的则延续古丝绸之路由中亚而转道欧洲各国，时称“转西洋”；大部分则来到昌邑绸商最为集中的南洋地区，时称为“下南洋”，丰富了近代丝绸之路的海上路线。南洋地区包括今东盟10国、印度、澳大利亚、新西兰以及附近的太平洋诸岛、南半岛沿海、马来半岛等，当时主要是英国与荷兰的殖民地。销售柳疃丝绸以下南洋人数最多，规模影响也最大。截至1936年，昌邑侨商不下万人。《潍坊市志·综述·清》中记载：“咸丰三年（1853年），岞埠村徐忠绍、徐长庚等，首次携柳疃丝绸远销印度尼西亚和新加坡等地。”这是关于柳疃丝绸下南洋的最早记载。昌邑人下南洋而真正把柳疃丝绸生意做大的创始者为今都昌街道南裴村的杨岱山、杨嵩山兄弟，开拓者为杨茂春、杨玉成叔侄。时任北洋政府教育次长的林修竹在《杨茂春墓表》中对于杨氏叔侄的贡献给予了高度评价：“昌邑故产茧绸，广销齐鲁燕晋，而运售海外者殊乏。自公再度航海，习外情。起服，携运土产绸布，经营南洋群岛，骎骎乎开海外贸易之风，而入世界商战之局矣……乡人受公汲引，继起商南洋者日益多，至今英荷属地谈及华商及华产，辄称杨氏叔侄与昌邑茧绸，盖非仅一家一邑之光矣！”

此外，咸丰十年（1860 年），烟台口岸开埠通商；同治二年（1863 年），东海关在烟台成立，下辖昌邑下营口在内的 23 处分口。通过烟台的洋商、买办，柳疃茧绸经由下营海口或由陆路运往烟台，正式进入欧美市场，此后出口年盛一年。曾同春《中国丝业》记载：“（中国）茧绸产地以山东为第一，山东重要产地首推昌邑……山东茧绸贸易均由栈房介绍，售于烟台、青岛之洋商。”而《山东省第一次物品展览会审查报告》载：“盖西人之初用此绸，以制妇人之上衣及夏服者居多。而西俗妇人装饰品之材往往与其服相同，因之钱包、妆奁之类，亦竞用之。凡去华尚朴之上中流社会，靡不珍之为优异之品。”后来又应用于汽车、飞艇制造等工业领域。

三、近代昌邑市丝绸文化的衰落与丝路经济的瓶颈

第一，柳疃丝绸文化的衰落。

柳疃的茧绸业是在对外贸易需求的刺激下急剧发展起来的，其兴衰深受国际政治经济形势的影响。晚清以来，列强乘虚而入。光绪二十四年（1898 年），德国强租山东的胶州湾，借机就近掠夺中国的蚕丝原料，进行仿制。法国、意大利则进口山东的柞丝原料，用其织绸，名曰“里昂山东绸”和“意大利山东绸”，并以其低廉的价格在市场上大量销售。然而，这些仿制品的品质与绸量与昌邑丝绸相比，仍存在明显差距。

不仅如此，当时辽东半岛出产的柞蚕野丝大都运往昌邑为织绸所用，这使得日本人对这一资源垂涎欲滴，企图染指。日俄战争后，日本通过南满铁路加速掠夺中国东北地区的资源，柞蚕茧的主要产区均被日本控制。第一次世界大战后，日本乘机强占胶州湾，立即展开经济掠夺。1916 年后，日本开始以低廉价格大量向中国倾销人造丝，争夺我国纺织品市场。在人造丝的冲击下，柞蚕产业因亏本而大量关停，柳疃茧绸所需柞丝原料供应紧张。

为了降低成本，商人和织户开始加大用浆，减少尺码，甚至在发货过程中用加浆绸冒充纯丝绸，这些行为导致柳疃茧绸的信用尽失，出口逐渐停滞。同时，日本人早已瞄准了欧美市场，经过十余年的技术积累，其机械织绸技术已相当成熟，并克服了柳疃茧绸尺幅较窄、表面不整洁等不足，最终取代柳疃茧绸而畅销欧美。欧美市场的丧失，对柳疃茧绸产业带来了致命的打击。

第二，昌邑市丝路经济的闭塞。

为扩大出口， 1920 年“东海关税务司以柳疃茧绸销路日滞，曾呈准农财两部，通令各海关，柳疃茧绸凡出口者一律免税”；至 1924 年，又经东海关呈请批准，“前项茧绸运

往国内各地销售,一律免税”;到 1926 年,“张宗昌督鲁,创设货物税局,复经工商等据情呈请,奉令核准援案免税”。然而,尽管这些政策试图挽救柳疃茧绸的颓势,但其江河日下的局面已无法逆转。

西方欧美仿造品的冲击、北方俄罗斯市场的关闭以及南洋市场的高额税收,使得柳疃茧绸的年出口总量锐减至仅万余匹,总值约 30 万元,尚不及全盛时期的十分之一。1931 年“九·一八”事变后,日本占领东北全境,辽东半岛的柞蚕原料被日本全部掠夺,山东柳疃茧绸业的主要原料基地彻底丧失。1937 年抗日战争爆发后,柳疃茧绸的原料来源及销售渠道被完全堵塞。1938 年,日寇占领昌邑,各丝点、绸庄停业,昌邑丝绸文化与丝路经济彻底脱节,陷入停滞状态。

新中国成立后,柳疃茧绸迎来了一段恢复期。20 世纪 80 年代,其原料扩展到家蚕丝、人造丝、化纤、绢丝等,产品分为绸、缎、绢、纱、绉、锦 6 大类型,涵盖 120 多个花色品种,重新树立起了“柳疃丝绸”这一知名品牌,并催生了昌邑的纺织印染产业发展。然而,当前昌邑市纺织产业的质量文化内涵与古时不可同日而语。其丝路建设从产品市场到产业链拓展远不如初,附加值较低。部分纺织产品甚至作为初级产品,成为江苏、浙江特别是苏州、宁波等地区现代高档纺织业的原料供应商。

昌邑市丝绸文化的衰落和丝路经济的瓶颈,严重制约了当代昌邑丝绸的恢复与发展。尽管在技术和产品种类上有所突破,但其在国际市场中的竞争力和影响力已无法重现昔日的辉煌。

四、新时代昌邑市丝绸文化融合丝路经济发展的辩证方法

古往今来,无论是何种产业,其发展既离不开自身的产业升级,又离不开其产业链的持续拓展及相关业务部门的辅助。党的十八大强调哲学社会科学指导社会发展的重要性,指出要用发展着的理论指导发展着的实践。从哲学社会科学的角度,在立足调研昌邑市纺织业历史发展的基础上,联系实践深入分析、梳理和思考,探讨新时代昌邑市丝绸文化与丝路经济融合发展的辩证方法。

第一,翻新推广。

从辩证唯物主义认识论的角度分析,昌邑市丝绸文化作为主观意识形态的内容与丝路经济这一客观现实条件的实际状况的融合发展,首要坚持的原则就是一切从实际出发,主观意识必须符合并指导客观实际。昌邑市丝绸文化固然源于并积极促进了古代昌邑丝织业的产生与发展,但这并不意味着它在当代已经断代。相反,它应当推陈出新,翻新推广,支持与促进当代丝织产业的发展。

延续数千年的丝绸文化,并非客观历史中某一个阶段性的思想意识,而是随着丝织

产业的不断变化发展而由客观历史决定的主观思想。昌邑丝绸产业古已有之,但在家养桑蚕时期,并未形成独特的文化。直到柞蚕丝绸被人工发展兴旺后,才随着丝路的拓展而形成昌邑市丝绸文化。主观思想意识反作用于客观经济,柳疃茧绸的发展不但吸引了四面八方的绸商,同时扩大了产业链上各类商贸的发展,才使其成为出名的"丝绸之乡",成为昌邑的金融、经济中心。

在当代以化纤制品为核心的纺织产业链上,昌邑古时形成的丝绸文化不但不应停滞甚至被抛弃,反而应当在新时代、新产品的基础上加以深入挖掘学习与充分运用,博古通今而发扬光大。一方面,可以通过发展古今各类丝绸产品,挖掘富含丝绸文化的新时代产品的附加价值。例如,以"丝绸之乡"文化为传播媒介,充分探寻古往今来的丝绸之路,拓展新时代各式产品的销售;或者以载有美誉及各种老字号品牌的产品在丝绸旺销处广建销售点,获得持续的订单。另一方面,在新时代产品的基础上,通过科学技术的推广提升与融入富含地区当代特色的新产品,推陈出新,继续在历史丝绸之路上营销新产品。这不仅可以促进丝绸文化的升级,紧随时代潮流积极拓展推广丝绸产业发展空间,还可以助力辖区内和带动周边地区纺织产业链的大发展。

第二,藉古扩今。

"实践人本主义"作为历史唯物主义的基础,强调发展源自人们的社会实践。昌邑市丝绸文化的发展,从宏观角度来看,既源自昌邑人民对柞蚕丝织的大胆尝试,又受益于广大绸商走南闯北的积极营销,这些都是实践的结果。特别是"丝绸之乡"柳疃,既是各方丝绸之路的起点,又是周边各地各类丝绸产业链的核心点。

从微观层面而言,需要把握与分清昌邑市丝绸文化与丝路经济之间融合发展的四点关系,即客观被动性、客观主动性、主观被动性和主观主动性。

1. 客观被动性:昌邑市北部恶劣的自然环境迫使人们寻求丝路贸易,却在逆境中取得了成功。

2. 客观主动性:因织绸原料紧缺,昌邑丝绸在省内向胶东扩张,在省外向资源丰富的辽东半岛扩张,取得了较大的发展。

3. 主观被动性:部分昌邑绸商看到柳疃茧绸在欧洲市场的可观前景而北上俄罗斯发展,却陷入战争旋涡,深受其害。

4. 主观主动性:曾经从事海路贸易的商家凭借外贸经验,看到海外潜在市场而积极下南洋,在东南亚和南太平洋国家取得了丰硕业绩。

在当前丝织业发展的新形势下,一方面既要深入分析丝路经济的发展状态,又要积极发挥丝绸文化的指导性作用,避免脱离市场导致劳而无获、恶性竞争甚至伤及自身;另一方面既要积极总结昌邑市丝绸文化形成规律和丝路经济发展规律,又要扩充丝绸文化内容，拓展丝路探索空间，避免虚耗精力和财力，促进丝织业及其产业链条的积极发展。具体措施包括：文化赋能产业，深入挖掘昌邑丝绸文化的历史内涵，将其融入现代丝织产品的设计与营销中，提升产品附加值；拓展市场空间，借鉴历史上“上北国”“下南洋”的成功经验，积极开拓“一带一路”沿线国家市场，扩大丝绸产品的国际影响力；技术创新驱动，结合现代纺织技术，开发新型丝绸产品，满足多样化市场需求的同时，推动产业升级；产业链协同发展，以丝绸文化为核心，整合上下游产业链资源，形成从原料供应到产品销售的完整生态体系。

通过“藉古扩今”的辩证方法，昌邑市丝绸文化不仅能够在新时期焕发活力，还能为丝路经济的发展提供强大的文化支撑与实践指导。

第三，链条拓展。

立足辩证唯物主义方法论中联系这一最基础的原理分析昌邑市丝绸发展。因为世界上的一切事物都处于相互影响、相互作用、相互制约之中，联系的客观性、普遍性、特殊性和多样性等特征决定了在现实生活中不能以片面或孤立的观点看问题。这决定了昌邑市丝绸文化与丝路经济的融合存在多元化的发展方式和表现形式。

丝绸文化本身就是丝织业发展的产物，而丝路经济的形成同样也是在客观条件基础上开辟的，这两者间的联系有着客观必然性。根据整体与部分的辩证关系，丝绸文化与丝路经济都是丝织业发展的组成部分，无论哪一方面的缺失都会制约丝织业的发展。而且，丝绸文化与丝路经济也都是丝织产业链的构成要素，某一方的断代都会直接导致丝织业的停滞甚至瓦解。

历史客观条件证明，昌邑市丝绸文化的确立和丝路经济的拓展，正是昌邑人民积极探索发展柞蚕丝绸以及拓展柳疃茧绸发展空间的成就，这也是联系特殊性的表现。

在今后昌邑市丝织业发展的过程中，一方面要坚持随行就市，充分利用普遍性开发特殊性，即积极利用丝绸之路经济带发展各种特色产品与服务，弘扬独特文化，繁荣昌邑市丝绸文化；另一方面要发挥“丝绸之乡”的美誉，积极招商引资，以丝绸文化的繁荣助力丝路的拓展，促进丝织产业链的发展。具体措施包括：产业链整合，以丝绸文化为核心，整合上下游资源，形成从原料供应到产品设计、生产、销售的完整产业链条；文化赋能产品，深入挖掘丝绸文化的历史内涵，将其融入现代丝织产品的设计与营销中，提升产品附加值；市场开拓，利用“一带一路”倡议带来的机遇，积极开拓国际市场，扩大昌邑丝绸的全球影响力；技术创新，结合现代纺织技术，开发新型丝绸产品，满足多样化市场需求的同时，推动产业升级；品牌建设，打造具有昌邑特色的丝绸品牌，增强品牌辨识度与市场竞争力。

通过“链条拓展”的辩证方法，昌邑市丝绸文化不仅能够在新时期焕发活力，还能为丝路经济的发展提供强大的文化支撑与实践指导,最终实现丝绸产业与丝路经济的协同发展。

第四,特色突出。

在现实生活中,我们要坚持两点论与重点论相统一的原则,分析与促进昌邑市丝绸工作的开展。矛盾作为辩证唯物主义方法论的核心原则,揭示了世上一切事物都由诸多矛盾组合而成,而任何矛盾自身又是由既相互对立、又相互统一的双方形成的。正是矛盾双方间的对立统一运动推动着事物的发展。

在现实实践中,昌邑市丝绸文化与丝路经济两者间首先是一对集主观意识形态与客观物质条件为一体的矛盾统一体。失去昌邑市丝绸文化的底蕴,昌邑丝路经济不会顺利开发;没有昌邑丝路经济的支撑,也不会有昌邑市丝绸文化的繁荣。

同时,在昌邑市丝绸文化和丝路经济自身内部也包含着诸多矛盾。其中,丝绸文化的重点自然是"丝绸之乡"柳疃的声誉广传,而丝路经济的发展也同样依托柳疃的茧绸贸易。因而,在当前和今后丝织业发展的过程中,同样应坚持两点论与重点论相统一,在不断巩固、发扬昌邑市丝绸文化的同时挖掘、传播亮点,在积极拓展、充实昌邑丝路经济的同时突出特色产业、叫响自身名声。具体措施包括:打造文化品牌,以"丝绸之乡"柳疃为核心,深入挖掘其历史文化价值,打造具有昌邑特色的丝绸文化品牌,通过举办丝绸文化节、展览等活动,扩大影响力;突出特色产业,重点发展以茧绸为代表的传统丝绸产品,同时结合现代需求开发新型丝绸产品,形成差异化竞争优势;借助侨乡优势,充分利用昌邑作为"丝绸侨乡"的优势,吸引海外侨胞参与丝绸产业发展,促进产业回归与文化交流;加强宣传推广,利用现代媒体和"一带一路"倡议的机遇,积极宣传昌邑丝绸文化,提升其在国内外的知名度;融合旅游产业,将丝绸文化与旅游业相结合,开发丝绸文化体验游、产业链参观游等项目,形成新的经济增长点。

通过"特色突出"的辩证方法,昌邑市不仅能够实现丝绸文化与丝路经济的协调发展,还能在新时期产业发展中形成独特的竞争优势,为地方经济的繁荣注入新活力。

第五,变革升级。

昌邑丝绸的升级发展,以辩证唯物主义方法论中发展的原理为指导,理论上强调的是事物由简单到复杂、由低级到高级的变化趋势,这也正是新事物的产生和旧事物的灭亡过程。然而在实践中,变革升级并不意味着简单的除旧立新或断代发展,而是一个量变与质变、前进性与曲折性相统一的动态过程。

在昌邑丝绸的发展历史中,变革升级的实质得到了充分体现。例如,从桑蚕养殖丝织到柞蚕丝绸的转变,并非丝织业停滞的标志,而是更高品质丝绸发展的标志。昌邑市丝绸文化的形成也是一个量变到质变的过程:昌邑柞蚕丝绸的畅销不断拓展产业链,各类产业的聚集打响了柳疃“丝绸之乡”的名声，进而使昌邑北部从贫瘠之地蜕变为金融、经济中心。

同样，丝路经济的发展也是一个变革升级的过程。它从最初的简单丝绸运输道路，逐步扩展为多元化的经济通道，体现了从低级到高级、从简单到复杂的演变规律。

昌邑市丝绸文化与丝路经济的融合发展，同样是一个前进性与曲折性相统一的过程：恶劣的生存环境逼迫人们另觅出路；原材料紧张促使人们开辟新产业基地；柳疃茧绸的畅销引导人们广辟海外市场；行商经验使广大绸商开辟了越来越广阔的市场空间，同时还催生了“侨商”群体。

没有量的积累，就无法实现质的突破；没有前进道路上的坚韧不拔和努力探索，也就无法取得辉煌的成就。具体措施包括：技术创新驱动，结合现代纺织技术，开发新型丝绸产品，推动产业升级，满足多样化市场需求；文化挖掘与传承，深入挖掘昌邑丝绸文化的历史内涵，将其融入现代产品设计与品牌建设中，提升文化附加值；产业链延伸，以丝绸文化为核心，整合上下游资源，拓展产业链条，形成从原料供应到产品销售的完整生态体系；市场多元化开拓，借助“一带一路”倡议，积极开拓丝绸之路经济带沿线国家市场，扩大昌邑丝绸的国际影响力；侨商资源利用，充分发挥“侨商”优势，吸引海外资金与技术支持，促进产业回归与文化交流。

通过“变革升级”的辩证方法，昌邑市丝绸文化不仅能够在新时代焕发活力，还能为丝路经济的发展提供强大支撑，最终实现丝绸产业与丝路经济的协同发展。

第六，持续创新。

否定之否定的批判指导思想在昌邑丝绸发展中同样尤为重要。辩证唯物主义方法论强调，社会发展是一个有规律可循的历史过程，在现实工作中要总结规律、突破瓶颈、破旧立新，持续开辟新思维进而实现创新发展。

正如昌邑丝织业从家养桑蚕到山蚕再到柞蚕养殖的不断创新，昌邑丝绸文化的发展并非简单积累的结果。绸商致富后回乡扩大发展，从无到有创建钱庄等，为丝绸文化提供了广阔的发展空间。产品的创新发展同样离不开生产技术的提高与营销模式的探索。有过丝路销售经验的绸商继续探索新市场，推动丝路经济不断扩大。丝路的拓展、商贸的往来、产业的旺盛、文化的繁荣，将丝绸文化与丝路经济在柳疃融合为“丝绸之乡”，使其成为昌邑的商业与金融中心。

具体措施包括：技术创新驱动，结合现代纺织技术，开发新型丝绸产品，推动产业升级，满足多样化市场需求；文化挖掘与传播，加强博物馆等历史文化载体建设，传播丝绸文化，宣传丝织产业，同时吸引投资者；政策激励支持，从政策层面加强激励，支持丝绸文化与丝路经济的融合发展，为创新提供制度保障；市场开拓与多元化，借鉴古人经验，探索新形势下丝路经济的发展道路，积极开拓“一带一路”沿线国家市场；产业联动发展，以丝绸文化为核心，整合上下游资源，延伸产业链条，形成产业联动效应；金融支持与创新，借鉴历史上钱庄的发展经验，结合现代金融手段，为丝绸产业提供资金支持。

通过“持续创新”的辩证方法，昌邑市不仅能够总结历史经验，还能够突破瓶颈、破旧立新，实现丝绸文化与丝路经济的协同发展，为未来产业的繁荣注入新活力。

人民群众是历史的创造者，在历史进步中起决定作用。在人类社会与自然界的对立统一关系中，发挥哲学社会科学的辩证思维改造生活环境，拓展发展空间，是推动社会进步的重要路径。生产力决定生产关系，经济基础决定上层建筑，这一社会发展的本质特征决定了昌邑市丝绸文化与丝路经济的发展必须统一立足于具体时代的客观条件，在总结历史规律的基础上，充分发挥哲学社会科学辩证思维的现实指导意义。在丝路经济的拓展过程中，要深入挖掘、凝聚与弘扬丝绸文化，同时在丝绸文化的衬托下，从深度、广度、精细度三维空间积极开拓丝路经济，从而实现两者的深度融合。昌邑丝绸的发展经验不仅对当地具有重要意义，也为全国其他地区挖掘经济亮点、促进社会经济文化的全面、整体和可持续性发展提供了宝贵借鉴。

品牌经济是生产力与市场经济发展到一定阶段的产物，是以品牌为核心整合各种经济要素，带动经济整体运营的一种市场经济高级阶段形态，它包括三个层面。

1. 单个企业的品牌化运营：企业通过品牌建设提升产品附加值，增强市场竞争力。

2. 总体市场层面的品牌化运营：在区域内形成品牌集群效应，推动市场整体升级。

3. 区域品牌经济系统：以区域特色为核心，构建具有辨识度的区域品牌体系，带动地方经济全面发展。

品牌经济不仅是企业经营的高级形态，也是市场经济高级阶段的表现，代表着一种新高度的经济文明。它不仅具备市场经济的基本要素，还融入了新的经济要素与文化要素，形成了一系列新的结构、规范和秩序，具具体实践路径有以下三种。

1. 企业品牌化：鼓励昌邑丝绸企业打造自主品牌，提升产品文化内涵与市场影响力。

2. 市场品牌化：以“丝绸之乡”为核心，推动昌邑丝绸形成品牌集群效应，增强整体竞争力。

3. 区域品牌化：将昌邑丝绸文化与丝路经济相结合，构建区域品牌体系，提升昌邑在全国乃至全球的知名度。

通过品牌经济的构建，昌邑市不仅能够实现丝绸产业的升级，还能为地方经济的可持续发展注入新动力，为推动全国社会经济文化的全面进步提供示范。

第九章　破旧立新篇：把握改革契机实现转型发展的辩证思维

党的二十大报告中明确指出："坚持以文塑旅、以旅彰文，推进文化和旅游深度融合发展。"这一重要论述强调了文旅产业在新时代发展中的战略地位。2023年2月13日，《中共中央 国务院关于做好2023年全面推进乡村振兴重点工作的意见》正式发布，这是21世纪以来第20个指导"三农"工作的中央一号文件。文件中着重提出实施文化产业赋能乡村振兴计划、实施乡村休闲旅游精品工程、推动乡村民宿提质升级等一系列规划，旨在通过发展"三农"文旅产业促进乡村振兴。

以山东省昌邑市为例，近年来，昌邑在文旅产业的发展上取得了一定成绩，但与先进地区相比，特别是在"三农"文旅产业上仍存在较大差距。然而，昌邑在"三农"文旅产业方面拥有丰富的潜在资源，这恰恰意味着其在发展"三农"文旅、促进乡村振兴方面具有可拓展、多元化、多样性和可持续的广阔空间。

昌邑市发展"三农"文旅产业的潜力：自然资源丰富，昌邑市拥有得天独厚的自然风光，如柳疃茧绸文化、柞蚕丝绸产业等，为发展"三农"文旅提供了坚实基础；文化底蕴深厚，作为"丝绸之乡"，昌邑市拥有悠久的历史文化和传统工艺，为文旅产业注入了独特的文化内涵；农业产业优势，昌邑市农业资源丰富，特色农产品和农业体验活动可以为"三农"文旅提供多样化内容；政策支持有力：国家和地方政策的支持为昌邑市发展"三农"文旅产业提供了有力保障。

发展"三农"文旅产业的意义有以下几点。

1. 推动乡村振兴：通过文旅产业的融合发展，带动乡村经济增长，促进农民增收，改善乡村基础设施，助力乡村振兴战略的实施。

2. 优化产业结构："三农"文旅产业促进农业、工业和服务业的融合，推动产业升级，优化经济结构。

3. 保护生态环境：文旅产业注重生态保护与可持续发展，有助于改善乡村生态环境，实现绿色发展与经济效益的双赢。

4. 传承与弘扬文化：通过文旅产业的发展，深入挖掘和传承乡村文化，增强文化自信，促进城乡文化交流与融合。

具体实践路径包括打造特色品牌，以“丝绸文化”为核心，结合乡村自然风光和农业资源，打造具有昌邑特色的“三农”文旅品牌；开发多元化产品，设计丰富的文旅产品，如乡村民宿、农业体验、文化节庆等，满足多样化市场需求；加强基础设施建设，完善乡村交通、住宿、餐饮等配套设施，提升旅游接待能力；创新营销模式，利用现代媒体和“互联网+”平台，推广昌邑“三农”文旅资源，吸引更多游客。

在党和国家政策的有力支持下，昌邑市应充分发挥自身资源优势，明确“三农”文旅产业的发展方向，通过多元化、可持续的实践路径，推动乡村振兴与经济社会协调发展。发展“三农”文旅产业不仅是昌邑实现乡村振兴的重要抓手，也是推动地方经济文化全面繁荣的关键举措。

一、明确发展“三农”文旅促进乡村振兴的目的意义

“三农”文旅的前身源自乡村旅游，它以乡村生活、风光、文化为旅游载体，以吸引城镇人群消费为主、农村人群消费为辅，充分迎合了现代人追求自然、向往自然的潮流，也被俗称为“绿色旅游”。

在新时代背景下，乡村旅游通过融入现代因素，逐步向“三农”文旅发展迈出了大跨步。在拓展第一产业（农业）发展的过程中，通过三大产业的融合发展，“三农”文旅产业不仅促进了乡村振兴的步伐，还成为推动经济社会发展的重要力量。

“三农”文旅产业不仅仅是农业、农民、农村狭隘意义上自身相关的产业，而是涵盖三大产业链条（农业、工业、服务业）上多元化、系统化、泛社会经济发展的文旅体系。它在乡村振兴战略中占据重要地位，具有以下特征：产业融合性，通过文旅产业推动农业、工业和服务业的深度融合，形成产业链条的协同效应；文化传承性，深入挖掘乡村文化资源，促进传统文化的保护与传承；生态友好性，注重生态保护与可持续发展，实现绿色发展与经济效益的双赢；经济带动性，通过文旅产业发展，带动乡村经济增长，促进农民增收。

“三农”文旅产业的核心价值有以下四点。

1. 助力三大产业提质增效：“三农”文旅产业的发展不仅不会阻碍经济结构的调整，反而能够通过产业融合提升农业、工业和服务业的发展质效，推动产业升级。

2. 改善生态环境：与传统资源消耗型产业不同，“三农”文旅产业注重生态保护，有助于改善乡村生态环境，实现绿色发展。

3. 推动乡村振兴：“三农”文旅产业为乡村提供了新的经济增长点，促进乡村基础设施建设，助力乡村振兴战略的实施。

4. 保障经济社会可持续发展：通过文旅产业的发展，乡村资源得到有效利用，社会

经济发展更加均衡，为可持续性发展提供保障。

“三农”文旅产业的具体实践意义包括以下三点。

1. 拓展发展空间：乡村拥有丰富的文化、自然资源和农业产业基础，通过发展“三农”文旅产业，可以充分挖掘潜力，拓展多元化和多样性的发展空间。

2. 促进城乡融合：“三农”文旅产业吸引城镇居民到乡村消费，促进城乡资源流动与文化交流，推动城乡融合发展。

3. 打造特色品牌：通过整合乡村文化、农业资源和旅游载体，打造具有地方特色的“三农”文旅品牌，提升区域影响力。

“三农”文旅产业是实现乡村振兴的重要途径，也是推动经济社会可持续发展的有效手段。通过多元化、系统化的实践路径，“三农”文旅产业不仅能够助力乡村经济增长，还能改善生态环境，促进城乡融合，为经济社会的全面发展注入新动能。

第一，在经济社会发展进入乡村振兴的新时期，发展“三农”文旅对促进乡村振兴的积极作用日益凸显。

在经济社会发展进入乡村振兴的新时期，发展“三农”文旅产业对促进乡村振兴的积极作用日益凸显。国家层面在基层调研的基础上出台的相关政策目标日趋明确，特别是2023年的中央一号文件《中共中央 国务院关于做好2023年全面推进乡村振兴重点工作的意见》，九个部分中有四大部分明确提到推动基层“三农”文旅产业发展的内容，具体如下。

1. 推动乡村产业高质量发展：在“推动乡村产业高质量发展”部分，文件着重提出加快发展现代乡村服务业，积极培育乡村新产业新业态。通过发展“三农”文旅产业，可以推动乡村产业结构的优化升级，促进农业与旅游、文化等产业的深度融合，为乡村经济发展注入新动能。

2. 建设宜居宜业和美乡村：在“建设宜居宜业和美乡村”部分，文件着重提出加强村庄基础设施规划建设和提升基本公共服务能力，同时强调农村公路养护以及沿线配套设施、产业园区、旅游景区、乡村旅游重点村一体化建设。这些措施为“三农”文旅产业的发展提供了坚实的硬件支撑，有助于提升乡村旅游的吸引力和服务质量。

3. 健全党组织领导的乡村治理体系：在“健全党组织领导的乡村治理体系”部分，文件着重提出多渠道引领加强农村群众精神文明建设，在传承优秀农耕文化的同时，重视农业文化遗产保护利用。发展“三农”文旅产业可以深入挖掘乡村文化资源，促进传统文化的保护与传承，增强乡村文化自信，推动乡村文化与旅游的深度融合。

4. 强化政策保障和体制机制创新：在“强化政策保障和体制机制创新”部分，文件着重提出加强实施乡村振兴人才支持计划，组织引导教育、科技、文化、卫生、技术、艺术等领域创新发展，支持相关人才到基层一线服务，培养本土急需的专业人才。发展“三农”文旅产业需要大量专业人才的支撑，这一政策为乡村文旅产业提供了人才保障，有助于推动产业的可持续发展。

发展“三农”文旅产业在经济效益方面，通过产业融合，带动乡村经济增长，促进了农民增收；在社会效益方面，改善乡村基础设施，提升公共服务水平，增强乡村居民的获得感和幸福感；在文化效益方面，传承与弘扬乡村文化，增强文化自信，促进城乡文化交流；在生态效益方面，注重生态保护，推动绿色发展，实现经济效益与生态效益的平衡。

在国家政策的强力支持下，发展“三农”文旅产业已成为促进乡村振兴的重要抓手。通过明确政策目标、完善基础设施、传承乡村文化、强化人才保障等多维度的实践路径，“三农”文旅产业不仅能够助力乡村经济的高质量发展，还能推动乡村社会、文化和生态的全面进步，为实现乡村振兴与可持续发展提供强有力的支撑。

第二，在经济社会发展进入乡村振兴的新时期，发展“三农”文旅产业对促进乡村振兴的理论意义主要体现在以下四个方面。

一是在经济发展方式上，发展“三农”文旅是乡村振兴中现代经济发展方式实现绿色转型的客观需要。在碳达峰经济发展的背景下，实施全面节约战略，倡导绿色消费的低碳生活方式，发展绿色低碳产业项目，成为重要方向。“三农”文旅产业拥有突出的低碳优势，是优选的发展途径。

二是在经济结构调整上，发展“三农”文旅有利于乡村振兴中经济发展量的合理增长和质的有效提升。在实施扩大内需战略与深化供给侧结构性改革有机结合的规划中，立足基层增强国内大循环的内生动力和可靠性，需要大力发展“三农”文旅，着力协调基层三大产业融合发展，推动乡村振兴的可持续增长。

三是在社会可持续发展上，依托发展“三农”文旅能够在乡村振兴中有效加强基层生态系统的多样性、提升稳定性和促进可持续性。无论是实施生态系统保护和修复等重大工程，还是推进生物多样性保护与开发，“三农”文旅都是重要承载体。在集体林权制度改革和国土绿化行动中，“三农”文旅也展现广阔的用武之地和发展空间。

四是在乡村振兴的社会精神文明建设和拓展上，“三农”文旅更是离不开的全方位支撑。无论是在提高基层乡村（社区）群众的文化素质方面，还是通过历史文化的有效传承助力乡村振兴，“三农”文旅产业都居于重要的地位。

第三，在经济社会发展进入乡村振兴的新时期，发展“三农”文旅促进乡村振兴的现实意义主要体现在六个方面。

一是发展“三农”文旅是在乡村振兴中优化产业结构布局，促进国民经济三大产业融合共进发展，提升效益的必然选择。发展“三农”文旅产业，能够减轻种植业对资源、环境的压力，弥补制造业对资源依赖性过大的缺陷，创新发展基层经济新业态，有效缓解乡村振兴中经济发展遇到的诸多矛盾和问题。

二是发展“三农”文旅是乡村振兴中建设社会主义新农村的需要。当代乡村振兴中的新农村建设涵盖社会经济发展的方方面面，“三农”文旅产业无论对农村基层自身产业创新，还是对其他产业链环节在基层农村的拓展延伸，都不可或缺，是中国式现代化的重要内容之一。

三是发展“三农”文旅是在乡村振兴过程中坚持以人为本，贯彻落实习近平新时代中国特色社会主义思想，构建社会主义和谐社会的需要。在地方经济社会发展的动态调整过程中，“三农”文旅能够发挥优势，积极协调推进乡村振兴中经济发展与人民群众现实利益需求间的矛盾，满足广大基层农民群体不断增长的各方面利益需求。

四是发展“三农”文旅是在乡村振兴中提升广大农民群众文化素质的重要途径。文旅产业是新技术的使用者和引导者，是新时代科学知识的载体，在社会经济运行中为提高基层群众的科学文化知识水平履行普及使命，并提供强大动力。

五是发展“三农”文旅是乡村振兴中扩大就业空间的重要渠道。历史和国际经验都表明，制造业发展到一定规模和水平后，吸纳就业的能力开始下降。“三农”文旅不断拓展的产业链为各层次人才提供了广阔的就业空间，特别是为产业发展中被边缘化的乡村基层失业者在乡村振兴过程中提供了再就业的机会。

六是发展“三农”文旅产业在乡村振兴中有利于扩大收入来源的同时提高各方主体的收入。加快发展“三农”文旅产业，增加地方财政收入、拓展村集体收入、提高农民群众个人收入，是提升“三农”整体发展水平的重要途径，为乡村振兴的加快发展提供了资金支持与保障。

二、分析昌邑发展“三农”文旅的动态过程与突出问题

近年来，随着乡村振兴战略的大力推进，昌邑以满足基层乡村（社区）群众社会经济和精神文化多样性的动态需求为导向，在引导基层各方面的建设和投入上取得了显著成效，在文化遗产保护与传承方面也取得了现实进展。昌邑文旅，特别是“三农”文旅产业，虽取得了一定的发展，但相较于基层社会经济的整体快速发展仍显滞后，尤其是亮点项目相对较少，“三农”文旅产业对乡村振兴的助力作用不足。

正所谓“自我剖析查找问题，解决问题实现发展”，差距恰恰为发展提供了空间。立足昌邑“三农”文旅产业的发展历程，捋清其发展脉络，查摆存在的突出问题，为积极分析、探索和发展“三农”文旅产业的路径、方法与对策提供了现实基础依据，同时也为

促进乡村振兴提供了持久动力。

第一,昌邑"三农"文旅发展的动态过程和现状。

昌邑基层乡村(社区)在乡村振兴的进程中积极推进"三农"文旅产业与社会发展的多点融合,促进经济社会发展。主要体现在以下六个方面。

一是昌邑基层乡村(社区)文旅融合不断深化。近年来,昌邑在基层乡村(社区)积极宣传文旅产业,取得了较好的发展成绩,表现出三大产业文旅融合不断深化的趋势。在零售、餐饮、住宿、产品加工、物流、观光等传统型消费和门票收入方面,现代文旅元素如数字货币、人工智能等已广泛融入并普及。广大基层群众积极利用文旅融合提升生产效率,信息化建设在文旅融合中发挥了重要作用。特别是一些基层乡村(社区)基于自身产业特色,实践发展"采摘"文旅和"体验"文旅等"三农"文旅产业,促进了经济社会发展。

二是昌邑基层乡村(社区)群众的文旅知识不断提升。近年来,昌邑通过积极宣传文旅产业,基层群众的文旅知识水平显著提高。现代文旅元素如数字货币、人工智能等在传统消费场景中广泛应用,广大基层群众在生活中不断提升文旅知识,积极利用文旅融合提升生产效率。信息化知识水平的提高在文旅融合中发挥了重要作用,特别是一些基层乡村(社区)利用网络等平台实践发展"三农"文旅产业,推动了经济社会的发展。

三是昌邑基层乡村(社区)积极建设公共文化设施。近年来,昌邑公共文化服务体系建设日趋完善,特别是基层综合性文化服务中心的建设不断提升。在多渠道资金支持和多方努力下,基层乡村(社区)综合性文化服务中心的硬件设施和软件服务都得到了显著改善,为文旅产业发展奠定了良好基础。例如,"科普影视村村通"实现全覆盖,公益放映数量不断增加,观影人数逐步增多,为"三农"文旅产业的发展创造了良好开局。

四是昌邑基层乡村(社区)文旅产业制度日趋完善。随着各级政府对文旅产业的重视和支持,文旅产业制度日益完善。许多基层乡村(社区)结合自身实际,制定并明确了文旅发展规划,引导群众不断提升对文旅产业的认识。群众在日常生活中自觉维护文旅产业制度,积极利用并发展"三农"文旅产业谋利。

五是昌邑基层乡村(社区)遗产遗迹的开发热情提升。近年来,昌邑在遗产遗迹保护工作中取得显著成效,特别是在非物质文化遗产发掘方面。例如,"走昌邑·访非遗"非遗摄影大赛等活动获得了广泛好评,非遗保护工作跻身潍坊各县市区前列。2019年春节期间,中央电视台两次报道昌邑非遗传承和乡村文化活动,"柳疃丝绸技艺"入选第一批山东省传统工艺振兴目录,传承人魏耀琳被评为山东省十大非遗模范传承人。

此外，村志编修工作的启动和重视，推动了村史馆、文化展馆等历史文化展示点的建设，为文旅产业特别是“三农”文旅产业的发展提供了重要支持。

六是昌邑基层乡村（社区）“三农”文旅从业人才增多。近年来，在人才引进和大学生就业难的双重作用下，基层高文化素质的旅游从业人员数量不断增加，为昌邑“三农”文旅产业的发展提供了助力。在乡村振兴政策的支持下，广大群众和学者积极投身文旅产业，从多方面增强了文旅产业的发展力量。政府层面在基层乡村（社区）的综合性文化服务工作中配备包靠人员，组织志愿者开展文化下乡、科技交流等活动；特色农产品产区的基层乡村（社区）也主动开展产品特色文化节，进一步推动了文旅产业的发展。

第二，昌邑“三农”文旅发展过程凸显的问题。

在乡村振兴过程中，针对昌邑“三农”文旅产业发展不断暴露出的诸多缺陷，经分析后，最突出的问题主要有以下六点。

一是昌邑基层乡村（社区）文旅融合程度不全面、不深入。昌邑基层乡村（社区）文旅产业大多处于开发初期，大众化文旅产品较少，知名品牌有限。文旅融合的内涵与外延挖掘拓展不到位，例如昌邑的丝绸文化、红色文化等优势潜力资源尚未充分开发利用。现有文旅景点和旅游产品品牌力度不足，结构单一、特色不浓、看点不多，制约了“三农”文旅产业的发展。

二是昌邑基层乡村（社区）群众对“三农”文旅认识不深。许多群众对文旅产业的主观认识不足，基层乡村（社区）对文旅发展的观念普遍较为浅显，在实际生活中往往将文化与旅游、农业、渔业、畜牧业人为剥离，未能实现有效融合。各类工艺品和农业特产品的优势也未充分发挥，缺乏富含情感寄托的旅游纪念品，地方文旅特色不明显、不突出，导致“三农”文旅在乡村振兴中的引导作用滞后，产业发展乏力，对乡村振兴的助力有限。

三是昌邑基层乡村（社区）公共文化设施利用不充分。在综合性文化服务中心建设过程中，由于建设周期较长，基层群众的参与热情逐渐趋于平淡，缺少亮点项目。一方面，依托各级图书馆开展的讲演、征文等活动虽然提升了群众文娱参与度，但对基层农民文化素质的提升作用有限，难以激发阅读兴趣，无法满足高层次生活娱乐需求，导致借阅率低。另一方面，基层文化设施如农家书屋等建设标准不高，利用率低，实用化程度不足。此外，公共文化设施“重建轻管”现象普遍，缺乏完善的物业管理体系，一些综合性文化服务中心和农家书屋被挤占、挪用，图书流失严重，部分设施损坏后长期无人维修，最终荒废弃用，直接影响了“三农”文旅产业的引导发展。

四是昌邑基层乡村（社区）文旅产业制度落实不到位。制度建设原本是为促进文旅产业发展,但在实践中仍存在诸多缺陷。一方面,群众对乡土文化的保护意识淡薄,许多人对传统乡土文化的传承发展缺乏了解,未能有效利用文旅制度传承本地特色文化,导致传统乡土文化资源长期被忽视、轻视甚至滥用,发掘过度但保护和传承力度不足。另一方面,对优秀传统文化和地方特色产业的宣传力度不够,缺乏阵地和平台,群众参与度低,接受的民风民俗教育较少,这些问题使"三农"文旅产业发展面临诸多阻碍。

五是昌邑基层乡村(社区)遗产遗迹的利用水平偏低。无论是经典遗迹还是非物质文化遗产,都是文旅产业的重要亮点。然而,在基层文物和文化遗产的开发保护中,"三农"文旅的核心作用未能充分发挥,实践方向不明确,成效有限。主要问题在于保护意识欠缺、措施和力度不足,缺乏各方保障和金融支持,未能充分挖掘遗产遗迹的社会价值。例如,不少非遗项目未及时挖掘整理,部分传承人无能力或无意识传承非遗技艺,许多项目面临后继无人的困境。以柳疃碑林为例,这一重量级文物在宣传和开发上力度不足,文化底蕴未能深入发挥,限制了"三农"文旅产业的发展。

六是昌邑基层乡村(社区)"三农"文旅专业人才匮乏。尽管基层乡村(社区)的从业人员数量有所增加,但专业人员比例较低。经过初步培训,从业人员的文旅专业素质有所提升,但具有深度创新能力的专业人才仍然匮乏,且人才结构规划和组织安排不完善。一方面,基层普遍缺乏专业的文旅产业干部队伍,相关职能多由其他干部兼任,"不专业、不专干"现象普遍,许多干部还承担包村驻点等任务,难以集中精力推动"三农"文旅产业发展。另一方面,文旅活动多由爱好者自发组织,缺乏专业项目的引导,导致本土原创文艺精品少,制约了文旅产业的整体发展。此外,从事乡土文化研究的专业人才普遍缺乏,许多文旅干部未接受相关专业教育,工作热情不高,难以有效落实文旅产业政策并提升产业水平。

昌邑境内虽然在自然风光旅游方面无明显资源优势,且古建筑、人文旅游资源相对零散,难以形成如山西平遥、安徽西递、云南丽江古城等具有影响力的文化旅游产业。尽管拥有山阳大梨、南逢大姜、石埠土豆、北孟花生、九龙屯大蒜、卜庄梨枣、斜子萝卜、下湾西瓜等多样化的农产品,但这些产品尚未形成领先于其他地区的明显品牌优势,将其转化为旅游资源仍存在一定难度。因此,尽管"三农"文旅是朝阳产业,但对昌邑而言,也是一个投资大、建设周期长的项目。

基于对昌邑"三农"文旅产业发展情况的分析,我们对其中的薄弱环节和制约因素已有了整体性认识。针对问题寻找对策,选取有效方法解决问题,成为加快"三农"文旅产业发展、促进乡村振兴的正确途径和关键所在。然而,对策的制定并非凭空想象,而需要结合昌邑的实际情况进行深入分析与总结,以确保其有效性和可操作性。

三、昌邑发展“三农”文旅产业的成功典型及其经验思考

正所谓正确的认识来自实践的总结，在昌邑市域内，尽管“三农”文旅产业发展整体上面临诸多挑战，但仍有一些走在发展前列的先进基层乡村（社区）值得深入研究与分析。这些先进案例的发展经验不仅具有普遍的指导意义，更重要的是为其他基层乡村（社区）提供了学习、思考与借鉴的范本，助力其实现快速、可持续的发展。

以山阳博陆山景区十多年的发展历程为例，可以深入研读“三农”文旅产业的发展经验。以下从山阳新时代的转型发展历程入手，分析其从资源依赖型经济向文旅产业转型的成功路径。

第一、山阳新时代的转型发展历程。

1. 地理位置与资源禀赋：山阳村隶属饮马镇，现有居民 1 100 余户、4 000 多人，位于昌邑中南部潍河之滨，背靠自然资源丰富的博陆山。其地理位置优越，处于青岛一小时交通圈和潍坊半小时交通圈范围内，北邻宝通东街，是潍坊市的东部门户，区位优势显著。

2. 从资源依赖到产业转型：改革开放以来，山阳村主要依靠博陆山丰富的石英矿开采作为经济收入来源。然而，随着国家对硅料管控的加强，十余年前陆续关停石英矿场，山阳村的发展陷入困境。如何从依赖矿产资源转向开拓新型产业，成为山阳村面临的重要课题。

3. 文旅资源的基础与潜力：山阳村历史悠久，保存了大量商周时期以来的历史遗迹，旅游资源丰富。村内不仅有千年梨园和紧邻潍河的博陆山生态景区，还有天然大沙丘、自然生态林以及“霍光冢”“望陆台”“商周遗址”等众多古文化遗迹。这些旅游资源具有多样性和相对集中的特点，为文旅产业的综合开发提供了良好的基础，便于吸引游客。

4. 集体积累与决策转型：在石英矿资源开发过程中，村集体积累了一定的经济实力，为投资开发文旅产业提供了资金保障。面对转型需求，山阳村立足现实，经过充分论证，瞄准乡村振兴战略中的新农村建设发展方向，选取文旅产业作为新兴项目，积极组织引导广大群众参与“三农”文旅产业的开发。

第二，山阳转型经验总结。

1. 立足自身资源，找准转型方向：山阳村充分挖掘本地自然资源与历史文化遗迹，选择了文旅产业作为替代石英矿开采的新兴产业，实现了从资源依赖型经济向绿色可持续产业的转型。

2. 发挥区位优势，吸引周边客流：依托青岛和潍坊两大城市的交通便利性，山阳村

将自身定位为区域文旅目的地，吸引了大量周边游客，为产业发展提供了市场支撑。

3. 利用集体积累，保障初期投入：村集体通过石英矿开采积累的资金为文旅产业的初期开发提供了保障，减少了外部融资的压力，使项目得以快速启动。

4. 整合多元资源，打造综合旅游体验：山阳村将生态资源、历史遗迹和文化体验相结合，开发了集观光、休闲、文化体验于一体的综合性旅游产品，提升了游客的参与感和满意度。

5. 政府引导与群众参与相结合：在乡村振兴战略的推动下，山阳村：积极引导群众参与文旅产业开发，形成了政府引导、集体支持、群众参与的良性发展模式。

第三，山阳村的转型历程对其他乡村发展“三农”文旅产业的启示。

1. 充分挖掘本地资源：因地制宜，将自然资源、历史文化和农业特色相结合，找到适合自身的发展方向。

2. 发挥区位优势：利用交通便利性，吸引周边城市客流，扩大市场空间。

3. 合理利用集体积累：将其作为产业转型的启动资金，降低初期投资风险。

4. 打造综合旅游体验：通过资源整合，提供多样化的旅游产品，增强吸引力。

5. 注重群众参与：通过政策引导和激励机制，调动群众积极性，形成共建共享的发展格局。

山阳村的发展经验表明，通过科学规划、资源整合和群众参与，乡村可以在“三农”文旅产业中找到新的经济增长点，为乡村振兴注入持久动力。

正所谓现实的优势若不充分挖掘和利用就无法产生经济效益和社会效益。山阳村立足自身基础，在发展“三农”文旅产业、促进乡村振兴上做了长远规划和定位。一方面，在长远规划上，控制性保护现有可开发利用的各类资源，同时有针对性地外出考察（如房干村、冠县梨园等），借鉴经验，不断进行动态规划论证和深入修订，正确处理好眼前与长远的关系。坚持先急后缓、分期分批建设的原则，按照“干一项成一项”的秩序推进，用较少的投入不断获得较好的效益。另一方面，在发展定位上，村领导班子牵头采取兴办旅游合作社的模式，吸引和鼓励本村村民以土地、房屋、果树等多种形式入股，积极投入到项目建设中来，使得集体与个人利益共享，提高了广大农民群众的积极性和参与度，快速纳入潍坊乡村游线路。以实干创出品牌，用实绩积极争取各级政策的扶持和领导的重视。

山阳在“三农”文旅产业建设过程中，苦干加巧干，坚持稳步推进。一方面，利用和保护好千年梨树的文化元素和资源优势，建设了一批集饮食与游览观光为一体的农家乐旅游项目。目前，山阳梨的品种已达到 37 类之多，在文旅旺季，山阳梨的产量甚至无法满足游客的采摘需求。通过举办“山阳梨花节”和“果蔬采摘节”等活动，唱响“春观花、夏赏绿、秋尝果、冬品树”的旅游特色，打造“赏千年梨树、品梨花饺子、过田园生活”的旅游品牌。另一方面，积极开发利用博陆山、商周遗址、霍光冢等生态观光和文化旅游资源，配合梨园景区游览，形成资源多元化、游览多样化、文旅常态化的格局，增加山阳乡村旅游的吸引力，多维度发展“三农”文旅产业，大幅提高经济效益。此外，向管理要效益，在对博陆山风景区内的十多个项目实行先急后缓、先简后繁、有条不紊地开发建设，实现少花钱办大事的同时，对旅游服务区分档次、多元化、多样化的场馆建设也使收入实现了倍增。

山阳在全国大力推动乡村振兴的历史背景下，积极对接政策导向，在昌邑实施文化产业新旧动能转换、推进文化旅游建设的过程中，争取政府扶持建设以本村为核心的“梨花水镇”项目，升级打造成为“三农”文旅发展的典型新隆起带。该项目与中央外宣办主管的北京视点文化传播有限公司于2018年在北京正式签约，并投资30亿元开建。这使得山阳在实现自身可持续发展的同时，为昌邑推动乡村振兴提供了一大现实发展品牌，为当地带来了更多的可观收益。

首先，在项目推进过程中，山阳重点从以下三个方面发力。

一是强基固本，打好基础。积极争取政府支持，为项目招引下好“先手棋”，持续投资对博陆山景区进行改造提升，夯实发展根基。

二是以优良品质对外招商。推动政府层面“攀高枝”，招大引强，以“梨园文化”搭台、经贸唱大戏，让更多的人走进山阳、了解山阳，增强影响力，打响“山阳梨花节”品牌，提升发展的可持续性。

三是全力包靠，做好服务保障。促使政府层面积极协调、主动作为、靠前服务，全方位聚焦项目之所需、投资方之所盼，全力支持好、配合好、服务好项目建设，有条不紊地保障项目发展进程。

第二，山阳发展“三农”文旅的自身亮点。

一是续写“梨”的文章。继续以千年梨树为旅游吸引点，确立多维度与多元化的具体实施路径，深度挖掘与拓展“梨文化”内涵，扩大和延伸相关产业链。在积极研发特色产品的同时，拓展生态观光资源，开发文旅产品，不断丰富游览内容，扩大影响力和知名度，提升品牌价值，增加附加收益。

二是点亮“坑”的文章。对数十年石英开采遗留的几大矿坑进行系统性生态修复，并积极建设文旅项目。例如，对废弃矿坑进行再利用和再开发的地心秘境主题公园，成为山东半岛地区“三农”文旅产业的典型特色项目之一，发展空间广阔。

三是用好“水”的文章。依托临近潍河的地理优势，一方面以亲水游乐为主题，挖渠引水将各大功能项目区串联起来，形成体系，既环保又增加产出；另一方面利用山丘高度落差打造水力发电站，为景区及周边居民提供新的电力保障。

四是做好“康养医”的文章。在博陆山南侧建设集康养、医疗和传统文化传习等产业于一体的发展项目集中区。引进国内知名的广安门中医院，合作开展慢性病调理和疑难杂症治疗，同时建设培训中心并建立院士工作站，让人们享受到“康养医”与景区游览的“双重体验”。

第三，山阳发展“三农”文旅的经验借鉴。

一是把握历史机遇。在经济社会转型期，山阳村及时规划发展新方向，实现了三个转变：从开采矿产资源到发展“三农”文旅产业的转变；从依赖自有资金滚动利用到积极引入外资与高端团队合作建设的转变；从攫取资源破坏生态环境到践行“绿水青山就是金山银山”理念进行保护性开发的转变。

二是发挥资源优势。立足自身实际情况，山阳村一方面利用千年梨树的文化元素和产业优势，另一方面充分发掘博陆山自商周以来的历史文化遗迹。在“三农”文旅产业开发过程中，坚持生态环保与项目开发并重，分析资源优势，科学规划发展，为后代留住一片青山、绿水、生态家园。

三是科学规划发展。坚持实事求是，按照先急后缓、分期实施的原则，正确处理眼前投入与长远利益的关系，动态实施总体目标规划并不断深入修订。一方面，丰富物质文化生活与强化生态文明并重；另一方面，积极对接新时代发展主题，争取政府扶持，实现群众个人、村集体和政府三方共赢。

四是可持续性发展。突出三个特点：合作的起点高，视点文化是中央外宣办下属的实力强大国企；合作的伙伴高，由深圳建筑设计院设计，中铁上海局承建，并引进广安门中医院驻点；融资的平台高，由视点鑫源文旅产业基金负责项目融资 30 亿元。通过建设“三农”文旅新隆起带，打造乡村振兴可持续性发展的新样板项目。

五是凝聚民心发展。只有产生经济效益，才能充分带动村民的参与热情。山阳村争取少投入多产出，增加村集体及村民收入，实现经济效益与社会效益双赢，凝聚广大群众的发展信心和动力，激发他们积极参与。

四、发展“三农”文旅产业促进乡村振兴的对策方法

以“农”兴乡村，以“文”促发展，以“旅”谋未来，大力发展“三农”文旅产业为实施乡村振兴战略开辟了一条成功之路。“三农”文旅产业虽然从行业划分上属于现代服务业，但其涉及范围极其广泛，几乎涵盖了经济社会的所有发展层面。例如，一二产业中一个产品的开发与销售，离不开在广大基层群众中的广告宣传等文化支持，也离不开洽谈合作等商务活动支持。推动“三农”文旅产业发展，能够有效促进产业链、供应链、

创新链、技术链、人才链的深度融合，为乡村振兴集聚起强大动能。

有问题并不可怕，怕的是解决不了问题。发展作为一个动态的过程，其本质正是不断解决问题的过程，而解决问题最关键的环节在于对策方法的科学性。这不仅决定了能否正确解决问题，还决定了解决问题的质量和效率。

第一，强化对“三农”文旅的积极宣传，端正科学态度，深入挖掘发展“三农”文旅产业。

认识上的人为隔离，使得主观上将文化与旅游划分为不同类别的产业，两者之间被认为具有很高的独立性，增加了交流与融合的难度。然而，文化旅游产业在本质上是一致的：文化的传播依托于旅游的过程，而旅游的延伸也是文化的拓展。文旅融合的深化并非两者在相互独立基础上的简单结合，也并非两者保守独立的表面交流。持有这种观念，本质上仍将文旅视为两个不同的产业主体，未能看到两者融合为一大产业所蕴含的巨大产能和发展空间。

要深化对文旅产业，特别是“三农”文旅的理解，就要在实践中深入学深悟透文旅产业的有机融合方式，打造品牌亮点。在发展“三农”文旅产业促进乡村振兴的过程中，我们已对问题进行了基础分析，对策与方法的选取显得尤为重要。在加快乡村振兴的时代大背景下，从促进经济社会“多样化”“多元化”发展的角度出发，发展“三农”文旅产业的对策方法应着重强调横向的联系、纵向的延伸以及内容丰富的具体实施细节。

第二，立足客观实际加强有机融合，发掘“三农”文旅产业亮点项目。

坚持客观本体论，立足现实深化自身“三农”文旅产业因素的内在有机融合。有机融合既不是简单的相加，也不是普通的结合，而是在相互促进与互补互引基础上形成统一体的动态运行过程，通俗地说就是产业一体化发展。要从实际出发出台指导性、政策性文件，统筹推进相关工作，避免出现壁垒和障碍；同时，需要加强对文旅产业链条的深入研究，从实践层面形成促进各环节联动的机制。

在实践操作中，要大力改革创新，在深化文旅有机融合过程中，不断推进精品化发展，打造亮点项目。

一是系统化文旅产业链条。多节点同步规划，只要用心，每一个节点都是可开发的项目点；只要有为，每一个项目点都可以取得显著成效。积极推动文旅产业链条与工业、农业、林业、渔业、副业、娱乐、畜牧等产业融合，全力打造亮点“三农”文旅项目。

二是发挥一级景区村庄的潜在增长空间。将瞻赏节、归侨节、采摘节、营销节等各类节日发扬拓展，突出自身特色，在吸引游客的同时留住游客，在游客心中留下深刻印象，使“三农”文旅项目在乡村振兴中深入人心。

三是大力实施文旅项目产业链的拓展。加大文化创意与商业融合力度，促进各大产业项目的融合。在三大产业的基础发掘、科学规划、引资立项、具体实施、拓展延伸等整个产业链条中，突出关键环节并加以深化，打造“三农”文旅品牌亮点。

第三，在普遍性的基础上充分发挥特殊性，打造基层乡村(社区)的公共文化服务体系亮点项目。

公共文化服务体系不仅是覆盖社会经济生活各个方面的文旅产业体系，也是随着广大群众生活水平提升而需求不断增加的载体。公共文化服务体系建设既是乡村振兴的重要内容之一，也是“三农”文旅产业发展的重要平台。依托基层乡村(社区)文化馆、综合性文化服务中心活动室和便民服务点等文化设施，下沉文化培训力量，积极开展“潍水文化志愿行活动”，提升公共文化服务水平。由于受乡风文明和地理位置区划的限制，公共文化服务不能实行普遍性的同一化，也不应简单采取“一刀切”的方式。

一是因地制宜发展基层乡村(社区)特色项目。在满足本土群众文化需求的同时，吸引外来游客参观游玩，并持续提升基层乡村(社区)群众的审美水平。

二是建立和完善本土基层乡村(社区)旅游综合体项目库。分梯次培育高端乡村旅游度假项目，发掘本土消费潜力，引领乡村旅游转型升级，丰富农村群众文化活动，提升“三农”文旅产业发展水平。特别是积极搭建群众文娱活动载体，以春节、元宵节、国庆节等重大节日为契机，组织开展形式多样的群众文化娱乐活动，在引导本土群众积极参与的同时，增强对外影响力，提升文旅产业的活力。

三是及时开展文化下乡活动，形成多样化的乡村旅游集群效应。指导重点特色小镇完善旅游功能，开展特色旅游小镇创建工作，引导和支持区域优势资源整合，统筹发展“三农”文旅产业，打造乡村旅游集群亮点。

第四，坚持两点论与重点论相结合，加强对文化遗产保护的同时突出优势项目。

在非物质文化遗产的传承和文化遗迹的保护上，坚持两点论与重点论相结合，突出重点项目引领，不断加大对乡村传统文化的保护和传承力度，以乡村项目引领产业振兴。风土文化是乡村的灵魂，是推进乡村发展的文化引领。根据经济发展规律，乡村发展的关键在于依托本土乡风遗产文化建设，将乡村文化遗产注入乡村发展项目中，促进“三农”文旅产业项目加快发展，挖掘并打造“三农”文旅产业发展的亮点项目。

一是继续实施村村编修村志工程。在村志编修过程中，积极鼓励和引导基层乡村(社区)挖掘历史文化资料、优秀乡土文化、人文精神和道德规范，加强对广大村民的教育，提升对发展“三农”文旅产业的认识。

二是加大对传统村落的历史古迹和文物的修缮保护与开发利用。

保护文化地标，深入挖掘乡村文化特色内涵，加大财政扶持力度。依托乡村传统文化、非遗项目、红色文化等，建设一批村史馆、非遗项目传承基地、红色教育基地等，同时融入新时代文化内涵和地域特色文化，实现传统文化的创造性转化和创新性发展，以特色传统文化反哺乡村，推动“三农”文旅产业可持续发展。

三是探索非遗项目进景区。借鉴先进地区经验，将一些非遗项目引入景区和传统村落，作为固定展演节目，或在景区、传统村落设立传习所，现场加工制作并进行演示销售，增加游客的文化体验，提升景区文化内涵，提高游客的参与度和体验感，彰显非遗项目的高价值存在。

四是加强乡村非遗传承人才队伍建设。通过实施传统工艺振兴工程、扶持开展传习活动等方式，培养一批非遗传承人、乡村工匠。加大对非遗传承人的补助力度，确保非遗项目“薪火相传”，促进“三农”文旅产业可持续发展。

第五，创新与拓展齐头并进，促进“三农”文旅产业数量增长与品牌提升。

不断改革创新，开拓进取，推动“三农”文旅产业向精品化发展。

一是推动乡村旅游业与文化、农业、林业、渔业、畜牧等产业深度融合，全力打造A级景区村庄，形成“三农”文旅产业集群效应。引导支持龙池、柳疃、卜庄、饮马、石埠等镇街区整合区域优势资源，统筹发展“三农”文旅产业。指导重点特色基层乡村（社区）完善文旅功能，积极开展特色“三农”文旅产业创建工作。

二是建立乡村旅游综合体项目库，梯次培育高端乡村旅游度假产品，引领乡村旅游转型升级。在制定乡村旅游规划时，因地制宜，合理制定用地政策，确保资源利用最大化。

三是大力实施“后备箱工程”。加大文化创意力度，开发包装地方特色传统旅游商品和新兴旅游商品，加强对非遗项目的设计包装和精深加工，进行品牌营销。在振兴传统工艺的同时，提高农民收入。完善乡村旅游引导标识系统，提高游客的可进入性，推动“三农”文旅产业实现扩张式发展。

第六，落实上层政策对基层的指导方向，完善本土文旅产业制度建设。

中央印发的《“十四五”文化发展规划》明确指出：“坚持以文塑旅、以旅彰文，推动文化和旅游在更广范围、更深层次、更高水平上融合发展，打造独具魅力的中华文化旅游体验。”这为文旅产业的制度建设勾画了明确框架，要求我们立足远景目标，坚持目标导向与效果导向相结合，全面规划与突出重点相协调，综合考虑地区文旅产业发展的形势和条件，不断提出新内容、新举措、新项目。

一是创新和完善文旅融合发展体制机制，处理好政府与市场的关系。强化文旅部门的行业管理职责，创新管理体制，针对基层乡村（社区）探索建立差异化的协调制度。理顺饭店、民宿等旅游住宿业的管理体制，通过开展“证照分离”改革等举措，加快构建事中事后监管体系，释放文化和旅游市场活力，推动市场主体转型升级，促进市场体系更加繁荣有序。《规划》提出的健全中央和地方旅游发展工作体制机制要求，将进一步明晰中央与地方的旅游工作边界，构建权责清晰、运行顺畅的管理与工作机制。

二是推动独特性、公益性、生态环境性、展示性和传世性项目的协调发展。在处理好风景名胜区保护与合理利用的基础上，促进区域内生产、生活的企事业单位与原住居民的协调发展，践行“严格保护、合理开发，永续利用”的工作方针，建设有章可循、有据可依的开放式、动态化亮点项目。受体制、环境、空间等因素制约，探索建立文旅产业制度具有多样化特征，对进一步提升景区文化旅游产品和服务质量具有重要作用。

第七，坚持以人为本的原则，加强文旅人才队伍建设，促进“三农”文旅产业发展。

突出人群引领，以乡村集群文化激发发展活力。一段时间以来，乡村发展活力不足，群众思想解放不够，成为实施乡村振兴战略的“拦路虎”。乡村蕴藏着邻里和睦、相濡以沫、甘苦与共、互帮互助等优秀传统文化，这些是数千年来农耕文明积累的“无价之宝”。实施乡村振兴战略，要坚持以人为本，用好这些优秀乡土文化，推动“三农”文旅产业开发。坚持用发展的眼光看问题，提档升级，不断强化文旅人才队伍建设，通过引进与自我培养相结合，提升和拓展文旅人才队伍，特别是基层乡村（社区）的自有文旅人才。

一是配齐配强基层乡村（社区）文化专干队伍。利用镇街现有编制招录专业人才，加强乡镇综合文化站队伍建设，落实人员编制和专岗专职，选好配优文化站站长，充分发挥其在乡村文化建设中的组织协调指导作用，使其成为“三农”文旅产业发展的“排头兵”。

二是广泛开展文化志愿者活动。鼓励志愿者为村庄提供文化服务，培育挖掘本土乡土文化人才，支持他们创作具有时代特色和地方特色的作品，贴近生活、贴近群众，及时将乡土文旅气息浓郁的作品通过群众喜闻乐见的形式宣传和展现出来，为“三农”文旅产业赢得广泛支持。

三是突出致富引领，走好群众路线。“三农”文旅产业是一条新路，是基于“三农”工作实际创造性提出的有效做法。要以促进乡村群众致富增收为目标，在引领指导群众发展的过程中，与群众常态化交流，充分了解群众的所思所想所盼，着力解决他们的急难愁盼问题，不断提升乡村群众的获得感。

在乡村振兴的大时代背景下，依托本地发展优势，要坚持全域化布局、全时段开发、全方位发展，突出因地制宜、实用导向，积极挖掘有利于乡村经济社会发展的“三农”文旅产业项目，坚持三大产业融合发展，持续打造“以农业产业为基础、以旅游休闲为形态、以乡村文化为滋养”的乡村振兴新格局、新形态的亮点工程。

亮点，源于特点，但又高于特点。如何在普遍性中探寻自己的特殊性，并将特殊性上升为亮点项目，这是一个可持续性的发展过程。正如经济基础决定上层建筑，政治反作用于经济；正如没有调查就没有发言权，科学的发展思路源自对现实情况的分析并指导具体实践；正如历史是一个不断变化发展的可持续性过程，没有总结与展望就无法正确立足当前。

从地域物质条件到发展特色，从各类农产品的出产到自然资源的利用，每一处、每一样都有潜在的开发节点。无数的“三农”文旅产业亮点项目等待我们去发掘，进而推动在乡村振兴的大道上加快经济社会的多元化发展！

第十章　强化保障篇：加强“三农”工作队伍建设保障经济发展

作为实践主体的人，即在乡村振兴过程中一线的“三农”工作队伍，决定了乡村振兴具体工作的现实成效。由于乡村振兴的具体工作主要在基层，具有客观性高、主体性强、政策性细、系统性密等特点，因此，“三农”工作队伍在主观认识、体制机制、人才结构、专业素养等方面存在的问题，直接影响着乡村振兴战略的进程和效果。基于此，只有针对现有问题，从健全机制、稳定队伍、提升专业水平等方面加强政策落实和开展专业培训，才能最大限度地推动县域基层经济发展，实现乡村振兴目标。

习近平总书记早在 2020 年 3 月 6 日举行的决战决胜脱贫攻坚座谈会上强调，2020 年实现农村贫困人口全部脱贫是党中央向全国人民作出的郑重承诺，必须如期完成。在同年召开的中国共产党第十九届五中全会上通过的《中共中央关于制定国民经济和社会发展第十四个五年规划和二〇三五年远景目标的建议》第七部分特别强调，要优先发展农业农村，全面推进乡村振兴。要坚持把解决好“三农”问题作为全党工作的重中之重，走出一条中国特色的社会主义乡村振兴道路。其中还提出，全面实施乡村振兴战略要强化以工补农、以城带乡，推动形成工农互促、城乡互补、协调发展、共同繁荣的新型工农城乡关系，加快农业农村现代化进程。“优先”一词作为强调词出现在第七部分的标题中，可见其内容的基础性、重要性和迫切性。

早在党的十九大报告中就已明确提出，“加强农村基层基础工作，培养造就一支懂农业、爱农村、爱农民的‘三农’工作队伍”。在具体实践中，只有坚持政策落实与区域客观条件相结合，充分发挥“三农”工作队伍的积极性、统一性、协调性和创造性，才能最大限度地凝聚合力，在推动乡村振兴的过程中取得最佳成效。

一、主体性认识

作为 21 世纪以来第 16 个指导“三农”工作的中央一号文件，2019 年《中共中央 国务院关于坚持农业农村优先发展做好“三农”工作的若干意见》提出了坚持农业农村优先发展的总方针。文件强调，要牢固树立农业农村优先发展的政策导向，优先考虑“三农”干部配备，把优秀干部充实到“三农”战线，把精锐力量充实到基层一线。这为打好脱贫攻坚战奠定了初步基础,因为作为社会主体的人是实现工作的核心力量,而在基层乡村,干部队伍不仅是农业的直接参与者,更是“三农”工作的引导者和领路人。

首先是理论基础。

从唯物主义辩证法认识论的角度看,人通过社会实践改造自然,实现人与自然的可持续发展。正如马克思在《1844 年经济学哲学手稿》中指出,整个所谓世界历史不外是人通过劳动而诞生的过程,是自然界对人来说的生成过程。没有人的参与,社会发展无从谈起。在基层社会建设中,作为实践主体的人,其核心作用体现在促进乡村振兴和实现社会发展上,关键在于建立一支“懂农业、爱农村、爱农民”的“三农”工作队伍。同时,实践的有效性依赖于科学认识的指导,即需要一支具有科学认识的工作群体作为骨干和引领者。

从历史唯物主义发展观的角度看,社会主义现代化建设的主力军同样是人。乡村振兴需要一支坚强的“三农”工作队伍,带领广大人民群众共同奋斗。从现实意义而言,生活中常强调“伟人的作用”,这正是干部引导群众创造历史的体现,强调了干部在组织和领导群众中的核心作用。一个坚强的领导集体能够最大限度地激发、凝聚和发挥广大群众的力量。乡村振兴亦是如此,一支具有强大聚合力和工作能力的“三农”工作队伍,能够在群众中团结一切可以团结的力量,在乡村振兴中保持社会统筹协调发展的可持续性,实现发展效能的最大化。

此外,乡村振兴是一项庞大的系统性工程,不仅仅是农业领域的发展,而是多方面要素的综合体,涉及农业产业链、农民关系网、农村发展面等多个方面,这些要素相互交织,具有普遍的联系性,需要统筹协调。从横向看,关键在于将主客观条件有机结合以实现更好发展,而这一关键环节恰恰依赖于“三农”工作队伍的调整功能;从纵向看,保持基层乡村发展的可持续性,提升发展档次,拓展发展空间,关键环节同样需要“三农”工作队伍的梳理、引领和带动。因此,建立一支“懂农业、爱农村、爱农民”的“三农”工作队伍,是促进乡村振兴的主客观必然要求。

其次是经验总结。

近百年来,为改变乡村的落后面貌,从晚清半殖民地半封建社会仁人志士的探索,到新中国成立后党中央领导全国人民进行的上山下乡实践,再到今年国家针对“三农”问题连续下发的第 17 个中央一号文件,以及基层单位摸索出的各类发展模式,包括学术界理论学者对国际先进发达国家城乡发展道路的研究分析,这些持续不断的探索与总结乡村振兴道路与经验的主体,都是不同层面、各个方向的人!

早年,有晏阳初、梁漱溟等前辈立志救国救民,积极探索农村脱贫之路。新中国成立后,国家组织广大知青下乡,许多有志知识分子深入农村,提升基层农民的文化知识水平，与广大农民共同探索农村发展之道。近代以来，有真心为农民服务的下派干部，如安徽凤阳县小岗村第一书记沈浩等一批先进典型。改革开放以来，特别是进入新世纪后，国家通过多种渠道向农村派驻各类人才，如关注农业技术的科技特派员、关注乡村治理的村党支部第一书记、在农村边学习边服务的大学生村官等。这些人为“三农”工作倾注了巨大精力，为乡村振兴发挥了重要作用。

此外，我国还通过招商引资等方式，引导社会资本下乡，带动和激发基层民众的致富热情，促进乡村振兴。由此可见，专业性人才和经济引导因素在乡村振兴中同样发挥着不可或缺的作用。

基于对乡村振兴的主体分析，我们认识到，干部这一核心要素是乡村振兴的关键。促进乡村振兴的主体力量在于培育一支具备以下能力的“三农”工作队伍：具有较强的领导核心，善于挖掘和利用客观条件，能够将各方面专业性人才有机结合，能够观察地区发展进程，可以持续拓展和协调乡村发展能力。这样一支队伍，是推动乡村振兴战略有效实施的重要保障。

二、存在的问题

建立一支能够促进乡村可持续发展的“三农”工作队伍是一项庞大的系统工程，其自身存在诸多矛盾点。特别是由于其具体工作主要落实在基层，实践认识主要针对基层乡村，因此存在的问题也主要体现在基层乡村，较为突出的有以下几个方面：

首先是机制上的偏差。这具体表现在两个方面。一方面，从纵向来看，上级政策在具体落实过程中无法顺利实施。由于从国家到地方的政策方针文件偏重全局性，指导的是全国的乡村振兴，而落实到具体乡镇时，却会给“三农”工作队伍带来工作上的“压力”，在贯彻落实中往往会产生各种问题，使得成果出现偏差。另一方面，从横向来看，一个地区虽然针对本地客观条件和经济特色制定了乡村振兴的发展机制，但在不同“三农”工作队伍中，由于核心领导团队意识的分歧，即在不同执行人的操作下，会出现不同的甚至截然相反的效果。这直观表现为“三农”工作队伍人才机制不完善、与个人成长规划脱节。此外，在体制上很重要的一点是，由于基层工作队伍中干部和人才待遇及晋升渠道的长效机制不统一、不完善，一些年轻干部和人才在基层的成长条件受到局限。优秀人才虽然能够引进来、培养成熟，但长远来看却留不住，农村工作往往只是他们人生经历中的一个跳板。这也是基层培养“三农”工作队伍、推进乡村振兴战略的一个重要瓶颈。因此，出现了不少干部能下乡镇，却不能真正深入农村；能扎根基层，却没有引领农村农业走向新发展能力的现象。以昌邑市为例，近十年来，虽然公开选拔了许多年轻干部充实到乡镇工作，但其中很多人由于付出与收入不成正比、追求个人发展等原因，积极考选上级部门，离开了基层，占比超过三分之一。在体制上很重要的一点是,由于没有相对硬性的规定,这一问题尚未得到根本解决。

其次是发展中的滞后。主要体现为经济发展过程中人才结构不合理,与农村实际需求不符。现有“三农”工作队伍中的人才主力仍以精通传统工农业和老式村级管理为主,从事种养、加工等初级生产的低层次人才较多,而能够进行农产品精深加工及懂得与“互联网+”融合的高层次人才相对较少,导致农业生产附加值偏低;农村一线干部中掌握现代农业生物技术、信息技术的人才明显短缺;乡村专业技术人员的指导服务多停留在表层和数据支持层面,且信息更新较为缓慢;乡村经营能手的经营管理水平仍处于初中级阶段;大部分村级管理人才对社区式服务仍十分陌生。

以昌邑市为例,在迁村并区前共有 690 个行政村,村党支部书记的平均年龄为 47.2 岁,其中大专以上学历的只有 82 人,仅占 12%,第一学历为初中及以下的有 311 人,占比高达 40%;而且,大专以上学历也多为党校管理类或大学全日制体制外社会办学的函授文凭。在村级日常财务管理中,由于新型财务软件的引入,大部分村缺乏懂电脑的会计人才,面临“老办法不管用、新办法不会用、短时间学不会、学会的留不住”的尴尬局面。这样的知识结构和年龄结构相对于当前社会发展已十分落后,更无法满足加快推动乡村振兴战略工作的要求,成为乡村可持续发展的最大阻碍。

最后是需求性的紧张。由于近几年城市化进程加快,城乡融合加速的同时,差距也不断扩大,主要表现在农业转型升级加速,人才需求大幅增长,而现有的“三农”工作队伍无法满足现实需求。进入城市意味着更广、更好的就业机会,更优质的社会基本服务,更多的公共资源,以及更大的个人发展空间,这成为人才回乡的一大壁垒。不仅是许多从农村走入大学的高科技创新人才因专业不对口,缺乏重回农村发展事业和施展才华的平台,就连农村普通的高中毕业生、有力气或技术的农民工也倾向于通过进城务工获得更高报酬,改变人生命运。最终,农村呈现出智力与体力的“双重输出”,同时普遍出现“三留守”(留守儿童、留守妇女、留守老人)现象。

近年来,从中央到地方越来越重视农业转型升级,在大力推动乡村振兴战略的过程中,原本人才紧缺的农业农村对相关人才的需求更加迫切。这种需求的紧迫性与“三农”人才离乡形成了显著矛盾。早在 2015 年,中央组织部、农业农村部、人社部、国家统计局共同对全国农村实用人才进行统计和调研,结果预测至今年(乡村振兴战略收官之年),我国农村实用型人才需求总量在 1 800 万人以上,缺口高达 1 000 万人。党的十九大召开以来,乡村振兴战略实施进一步加快,但人才需求缺口却越来越大。随着昌邑市生态旅游区、潍水田园综合体、农业产业园、丝绸产业园、海水养殖产业园的发展及各社区的迁并建设,对“三农”工作人才的需求日益紧张。

这仅是乡村振兴过程中“三农”工作队伍建设所存在的一系列问题中比较突出的

几点。除了上述主要性、普遍性的问题外，具体到乡村内部，“三农”工作队伍还面临着各种细小的、多样化的问题。这些问题使得即便是同一地区、相邻的乡村，也会呈现出积极与消极两种截然不同的发展状况。

三、原因分析

在促进乡村振兴过程中，“三农”工作队伍建设之所以会出现上述突出问题，根本原因虽受客观条件制约，但直接原因在于主观层面。毕竟政策的制定、落实以及实践操作的主体都是人，而“三农”工作队伍作为以人为主体的系统，其问题的根源需要从主客观两方面进行辩证分析，主要包括以下几个方面：

首先，政治层面。一方面，政策方针与地方特色之间存在普遍性与特殊性的矛盾关系，“三农”工作队伍作为实践主体在落实政策时，容易出现上下层脱节的现象。这在实际中往往表现为缺乏坚强领导核心的弱势“三农”工作队伍。如果一支“三农”工作队伍没有强势干部核心领导，实践中将举步维艰，实现乡村振兴只能是一句空话。从马克思主义哲学认识论的角度看，实践是基础，实践形成认识，实践检验认识，而只有经过实践检验的认识才能正确指导实践。因此，“三农”工作队伍的建设并非简单的人员组合，而是以社会实践的总结为基础，以经验丰富的干部为引领，在探索实践的过程中不断调整和完善的过程。另一方面，从“三农”工作队伍建设的体制保障来看，如何做好政治工作，如何完善工作机制，如何在体制内留住人、留足人、吸引新人，直接决定了“三农”工作队伍的建设状况，影响着各项政策的贯彻落实效果，进而影响乡村振兴的实际成效。因此，从上到下推动“三农”工作队伍建设，需要有机整合各项因素，统筹协调各方面的人才队伍。这不仅直接决定了“三农”工作队伍的现实工作能力，也最终影响着乡村振兴的长期成效。

其次是经济层面。经济基础决定上层建筑，经济发展水平直接影响着“三农”工作队伍的构成和质量。人才的流向一般遵循从低到高的规律，一支层次相对较低的“三农”工作队伍不仅难以吸引人才，还会加速人才流失，进一步削弱工作能力，阻碍乡村振兴的发展。经济基础的薄弱不仅直接导致人才流失，也使本地人才望而却步。同时，经济基础还决定着“三农”工作队伍是否能够发挥本地经济优势、拓展发展空间、满足发展需求、统筹城乡发展。经济基础的不断提升，直观地反映了“三农”工作队伍的强势。一支强大的“三农”工作队伍，能够充分挖掘和发挥本地特色经济，为当地带来切实的经济利益，既提升群众影响力，又扩大组织规模，增强队伍建设质量，提高队伍素质；相反，如果“三农”工作队伍在本地特色经济发展中起消极作用，则会不断流失人才。此外，经济发展潜力对“三农”工作队伍建设有着客观的积极作用。客观条件决定主观意识，良好的基础条件为有志向的干部队伍、专业人才队伍以及商业资本提供了广阔的发展前景。这些因素的有机融合将直接影响“三农”工作队伍的建设，为乡村振兴提供持续动力。

最后是社会层面。社会层面的原因相对较为复杂，既包括历史文化方面的因素，也包括思想教育方面的因素，还涉及人际交往方面的因素，尤其是利益关系的处理。

在历史文化方面，“三农”工作队伍的建设受到风土人情的制约。一支与当地风土人情不符的“三农”工作队伍，即使只有一名干部不适应当地环境，也可能成为影响整个队伍工作成效的重要因素，甚至成为决定性因素。同时，风土人情也是能否留住外来人才的关键因素之一。

在思想教育方面，统一的思想认识是取得成功的前提。在“三农”工作队伍建设中同样如此，正如我党的基本原则——在保留个人意见的同时坚决执行命令。一支坚强的“三农”工作队伍需要在思想教育方面保持可持续性。如果不能及时学习贯彻上级政策思路，就可能落后于时代发展；如果不能及时进行实践总结和反馈经验，就可能陷入停滞。

在人际交往方面，“三农”工作队伍的主体是人，其代表的利益群体也是人。一支“三农”工作队伍是由多方面的要素组合而成的，而这一要素就是人。作为一个矛盾统一体，它既包括内部成员之间在细节上的矛盾关系，也包括工作队伍所代表的各利益集团之间的矛盾冲突。这些都可能成为“三农”工作队伍的裂痕，直接影响工作实践，导致人才流失，进而成为制约乡村振兴的因素。

总体而言，主客观相统一，实践决定认识，而经济基础决定上层建筑。客观条件决定现实需求，现实需求影响主观愿望，进而引导具体实践，而实践是一个不断变化发展的矛盾统一体。只有深刻认识并领会到这一点，才能在乡村振兴的道路上建立一支有着坚强领导核心的“三农”工作队伍，实现发展的可持续性。

四、措施与建议

为促进乡村振兴，实现城乡协调可持续发展，应密切联系基层的客观实际，在政策落实过程中，根据本地特色灵活制定和实时调整适合本地城乡长远发展的“三农”工作队伍建设策略。

首先是健全体制。这主要包括强化制度落实机制和活化人才管理机制，进而加强“三农”工作队伍建设，打造完善的“三农”工作体制。2019 年中央一号文件明确指出，要牢固树立农业农村优先发展政策导向，优先考虑“三农”干部配备，把优秀干部充实到“三农”战线，把精锐力量充实到基层一线；优先满足“三农”发展要素配置，坚决破除妨碍城乡要素自由流动、平等交换的体制机制壁垒，推动资源要素向农村流动；

优先保障“三农”资金投入，坚持把农业农村作为财政优先保障领域和金融优先服务领域，公共财政更大力度向“三农”倾斜；优先安排农村公共服务，推进城乡基本公共服务标准统一、制度并轨。同时，要积极探索构建有利于乡村振兴的“三农”人才成长管理体制，基本形成由农业农村局牵头，各有关部门积极配合，县域上下协调联动，各类社会主体广泛参与的“三农”人才工作格局。深入推进“县管校聘”、干部教师交流轮岗等工作，鼓励引导优秀教育干部和骨干教师向农村学校、薄弱学校流动。促进农村青年教师安居工程、农村教师岗位津贴补贴制度全面落实，以农村教育的稳定和提升为基层农业转型升级建设提供有力的人才支撑和智力保障。此外，充分发挥农业专业合作社、行业协会、产业化龙头企业、社会化服务组织等各类新型经营主体在农村实用人才培养中的“蓄水池”作用，完善农村基层人才服务相关政策，解决好人才服务“最后一公里”的瓶颈制约问题，为人才发展打开空间，留住人才，充实乡村振兴的“三农”工作队伍。

其次是明确职责。一方面，“三农”工作队伍建设必须立足本地经济社会发展实际。落实上级政策与本地实际情况相结合是明确职责的前提。脱离本地实际而盲目执行上级政策，非但不能真正贯彻落实政策，反而可能犯主观主义的错误，即虽然主观积极性强，但思想目标盲目或偏离实际，导致乡村振兴的实施成效大打折扣。一线的“三农”工作队伍如果脱离本地实际，轻视甚至无视实践，仅仅盲目学习政策，不仅会流于形式，无助于乡村振兴，还可能贻误发展良机，甚至拖累乡村振兴进程。因此，一线“三农”工作队伍的建设必须立足本地经济社会发展实际，在客观分析本地现实条件的基础上，灵活贯彻国家和上级的政策方针，使主观符合客观，推动工作有效开展。通过挖掘发展潜力、积极整合农村资源、释放供给侧改革“红利”，吸引各类优秀人才投身农村农业发展，实现人才集聚，才能不断推动乡村振兴取得实质性进展。

另一方面，“三农”工作队伍建设也是政治课题的重要内容。在基层干部的待遇优化和晋升渠道方面，应制定科学规范的政策，打造稳定的农村干部队伍。通过实施年轻干部公开考选进基层、发放基层工作补贴、补贴乡镇干部职工城内安家及上下班交通费用等政策“组合拳”，支持基层干部队伍工作。同时，研究试点农村干部队伍晋升渠道和干部交流平台，将扎根基层、能力突出、群众满意、示范带动作用强的农村干部人才留下来。通过强化政治激励、物质奖励和精神鼓励，建立和完善农村基层人才吸纳机制，稳定农村基层人才队伍。

再次是强化培训。加强培训和培养力度，强化基层党组织的作用，是加强“三农”工作队伍建设的必然要求。同时，打造专业的实用人才队伍也是“三农”工作队伍建设中不可或缺的重要环节。

以昌邑市为例，该市持续开展"基层党支部书记进党校"的进修培训班次，不断提升基层一线"三农"工作队伍带头人的基本素质，大幅拓展了视野，提升了发展思维与战略能力。在专业人才队伍培训方面，一方面，根据基层产业发展和转型升级方向，制定中长期农村实用人才引进和培养规划，合理设置人才培养数量，严格保证人才选拔考评质量，全面加强实用型人才和高技能人才培养工作。另一方面，积极开展农业带头人培训。在乡村振兴过程中，农业是"三农"的基础，通过培训提升农业带头人水平，能够实现农业龙头带动发展的作用。仍以昌邑市为例，2017 年连续举办了 6 期农机合作社带头人培训班，共培训 500 余人次。培训后的农业带头人将"互联网+"等新技术和新视野融入原行业，极大提高了生产水平，降低了生产成本。

与此同时，将农业人才培训纳入镇街区农业发展中长期规划和年度计划，建立健全农业人才培训培养规章制度，努力提升队伍整体素质和技能水平。通过城乡人才资源交流、人才信息共享、劳务协作等方式，从各地引进急需的优秀"三农"人才，充实"三农"人才队伍，也是一项迫切而有效的策略。

最后是广招人才。加强人才招纳渠道，主要从以下三个方面扩大各类人才的招揽。

第一，中国传统文化中有着"告老还乡""落叶归根"等乡土情怀。通过返聘退休干部和专业技术人才，既可以让这些退休人才发挥余热，激发他们再创业的热情，又可以充实和优化"三农"人才队伍，提高整体工作效率。

第二，通过各种渠道宣传与介绍本地的特色经济、优势产业以及潜在发展点，吸引各类民营企业家和专业创业人士到本土发展。这不仅可以带动本土人才回流，还能增加外来人才，从而增强"三农"人才队伍的力量。

第三，优化创业就业配套环境，改善乡村人才的工作与生活条件，以硬性的客观条件吸引人才，提高基层"三农"工作队伍的主观工作热情。尽管近年来农村基础设施和公共服务已有较大改善，但与工业和城市相比，农业农村发展的基础设施和公共服务水平仍存在较大差距，对人才的吸引力不足。例如，教育、医疗等公共资源的不均衡，使农村人才和基层干部存在后顾之忧，难以全身心投入农业农村工作。因此，要积极改善基础设施和就业、教育、医疗等公共服务水平，加强基层农业公共服务体系建设，以优质的社会氛围吸引和留住人才。

总而言之，立足本地实际，查找广大基层一线"三农"工作队伍存在的问题并加以整改，是促进乡村振兴的关键。特别是针对人才机制、人才结构、人才需求这三大环节，制定适合本地的"三农"工作队伍管理机制、培养机制、提升机制和招纳机制，是实现乡村振兴持续性发展的重点。通过多元化发展策略，打造一支高素质、专业化、稳定的"三农"工作队伍，为乡村振兴提供坚实的人才保障和智力支持。

后　记

本书虽然主要阐述县域基层经济发展的辩证逻辑，但却是站在全国的立场上展开的。毕竟，我国是一个农业大国，绝大部分人口分布在广大的县域基层，县域经济在三大产业中占有相对优势，其发展是我国经济发展的重要基础，也是主要增长点。在我国持续推进改革与发展的历史进程中，最大的难点在县域，重点和着力点也在县域。

在县域基层经济发展的一般逻辑中，如果仅仅像传统农业一样不重视科研、不重视创新、不重视产业升级，年复一年缓慢耕种，就无法取得今天国家飞速发展的成就。这样，乡村振兴将遥不可及，民族复兴也难以在今天的宽敞大道上迈步前进。因此，必须在详细调研县域基层经济发展客观状况的基础上，固守自身已有的优势产业，增强基础产业，把握发展大势，积极招商引资，充分调动县域基层经济的发展活力。

在国家发展的诸多方针政策中，要根据自身的客观条件，积极因势利导，顺势而为，探索适合自身经济发展的捷径。在产业融合日益密切的今天，把握产业链上的关键环节，统筹协调，抢占经济发展优势。

在面对产业发展门槛时，运用辩证思维，科学进行系统调整，实现弯道超车。在精确调研与把握自身地域优势的条件下，积极开发重点项目，发展亮点经济。在捋清和把握产业链的基础上，拓展延伸，打造地区品牌，扩大经济辐射面，带动经济全面发展。在社会经济加速更新换代的今天，把握改革契机，破旧立新，实现华丽转型升级。

同时，在县域经济发展中要提高整体性认识，统筹强化政府保障能力建设，确保县域基层经济发展保持在快车道上而不触碰红线。通过以上措施，推动县域经济高质量发展，为乡村振兴和国家现代化奠定坚实基础。

文内的数据例证大多源自笔者对山东省昌邑市的实践调研，诸多观点系作者有感而发，难免存在偏颇之处，如有不当，恳请读者批评指正。当然，作为普遍性的存在，无论何处的县域基层经济发展都会或多或少面临相同或相似的问题。正所谓世界上的任何事物都是作为一对矛盾统一体存在的，社会的发展逻辑正是矛盾双方辩证运动的过程，县域基层经济的发展也不例外。无论是第一、第二还是第三产业的发展，抑或是某一行业产业链的发展，怕的不是遇到瓶颈，而是故步自封。

打破瓶颈、开拓创新,才能实现新的发展。而逃避问题或掩盖问题,则如同逆水行舟,不仅无法取得进步,反而会落后于时代发展的潮流。在县域基层经济发展的实践中,以第三者的眼光从社会发展的角度审视自身的经济发展方式,更能够看清自身存在的问题。通过持续查摆问题、分析问题并解决问题,才能实现可持续性发展。